Alcoholismo

Neil Kessel
Henry Walton

Alcoholismo

Cómo prevenirlo para evitar sus consecuencias

**ediciones
PAIDOS**

Barcelona-Buenos Aires-México

Título original: *Alcoholism. A reappraisal - its causes, problems and treatment.*
Publicado en inglés por Penguin Books, Ltd., Londres

Traducción de Susana S. Fernández

Cubierta de Alfred Astort

1.ª edición, 1991

© 1965, 1967, 1969, 1989 by Neil Kessel y Henry Walton
© de todas las ediciones en castellano,
    Ediciones Paidós Ibérica, S.A.,
    Mariano Cubí, 92 - 08021 Barcelona;
    y Editorial Paidós, SAICF,
    Defensa, 599 - Buenos Aires.

ISBN: 84-7509-646-8
Depósito legal: B - 26.038/1991

Impreso en Nova-Gràfik, S. A.,
c/. Puigcerdà, 127 - 08019 Barcelona

Impreso en España - Printed in Spain

Indice

Prólogo

La primera edición de este libro apareció en 1965. Desde entonces ha sido reimpreso muchas veces pero consideramos conveniente, ahora, revisarlo completamente. Las razones para esto han sido los nuevos conocimientos sobre las causas del alcoholismo y el desarrollo de nuevos métodos de tratamiento, de modo que los capítulos que cubren esas áreas junto con los que versan sobre los resultados del tratamiento han sido rehechos y escritos nuevamente en forma íntegra. Cada uno de los restantes capítulos ha sido ampliamente alterado, por lo que el material que se presenta está actualizado.

A lo largo de este libro hemos hecho uso extensivo de los informes de las experiencias de pacientes que han estado bajo nuestro cuidado y deseamos dejar sentada aquí nuestra deuda para con ellos.

Prefacio

La diferencia entre beber y emborracharse depende de la cantidad de alcohol que se ingiere. La cantidad que se necesita para intoxicarse variará de persona a persona y de un momento a otro, pero cualquiera que beba lo suficiente se emborrachará. Entre el bebedor y el alcohólico existe otra clase de diferencia. No puede medirse en cantidades de alcohol ni ser definida en breve. Depende de factores intangibles, de la personalidad, de la oportunidad y, en cierta medida, de la suerte. Pero los pasos desde la bebida social hasta la excesiva pueden ser demarcados y cuando la bebida excesiva produce daños, el bebedor se ha transformado en alcohólico. Hasta el momento de embarcarse en este viaje, los alcohólicos no eran, a simple vista, diferentes de sus semejantes, aunque para el observador experto podrían haber existido indicaciones de propensión.

Vivimos en una sociedad donde es costumbre beber. A través del alcohol ofrecemos hospitalidad y mostramos nuestra sociabilidad. Aunque frunzamos el entrecejo ante los borrachos, sospechamos de los abstemios. Son estos últimos los que nos resultan anormales. Con un vaso en la mano, disfrutamos de la compañía de viejos amigos y hacemos nuevos amigos, proclamamos nuestras lealtades, discutimos problemas, negociamos y cerramos tratos. Se aceptan intoxicaciones mínimas reiteradas por parte de personalidades, militares, políticos, hombres de negocios y educadores. Esta forma de bebida abierta y moderada es, por lo general, inofensiva y favorable para las buenas relaciones.

11

En la mayoría de las culturas, la bebida social se aprueba por la liberación que el alcohol brinda al individuo. En las ceremonias solemnes que marcan acontecimientos trascendentes, nacimientos, bodas y muertes, en los rituales religiosos, en las celebraciones nacionales, en las victorias deportivas y en el festejo de modestos logros de la vida cotidiana, el alcohol ocupa siempre un lugar de honor. Su mérito está en ayudar a la gente a unirse y formar grupos; reduce la tensión.

Los desconocidos se relajan y se relacionan si se sirve alcohol. Se ofrecen bebidas cuando por razones de hospitalidad o de negocios se quiere crear una atmósfera de calidez en una reunión de gente que no se conoce bien. No es necesario ocultar esta intención, ya que los huéspedes reciben con agrado esta técnica social. Las bebidas los harán ser más sociables. Menos temerosos de sus propios fallos, los bebedores se ven menos inclinados a juzgar a otros en forma crítica. La sociedad aprueba la bebida regulada porque lubrica los engranajes sociales.

Los individuos, por su parte, tienen doble incentivo para beber. A la vez que obedecen a la estructura social, encuentran placer en la bebida. Las personas no beben sólo para obtener sensaciones mentales o físicas particulares: se están ajustando a situaciones en que la bebida es apropiada.

Somos tolerantes con la persona que toma una copa o aun una copa de más. También los alcohólicos alguna vez bebieron con esa moderación. ¿Qué los hizo cruzar la línea del alcoholismo? ¿Estaban las causas actuando inexorablemente en su interior o en las circunstancias del entorno y de la vida? Se deben considerar los factores físicos, sociales y psicológicos. ¿Cómo está encaminado el alcohólico ahora? ¿Adónde conduce ese camino? ¿Tiene retorno? Este libro se ocupa de todos estos interrogantes.

La magnitud y la gravedad de la enfermedad del alcoholismo no son apreciadas como es debido. Es un desorden grave, a menudo fatal. Su efecto recae no sólo en el alcohólico sino también en un amplio círculo de familiares y amigos. Sus repercusiones sociales afectan las tasas de accidentes y delitos, el absentismo y el desempleo. Es una de las mayores causas de admisión a unidades psiquiátricas. Sin embargo, en muchos círculos, tanto médicos como no profesionales, esta gran amenaza a la salud y al bienestar social no recibe una consideración suficientemente seria.

En este libro, trataremos primero con los efectos físicos y psicológicos del alcoholismo. Luego, se discutirán los factores sociales y psicológicos que conducen al alcoholismo y se expondrán las causas del mismo. En los capítulos siguientes se describirán los tipos de alcohólicos y las etapas progresivas de la enfermedad. Por último, se exponen principios de tratamiento y prevención.

1
¿Qué es un alcohólico?

Tres factores conspiran para hacer del alcoholismo un tema difícil de comprender y estudiar. En primer lugar, debido a que las payasadas de los ebrios son cómicas, la gente a menudo bromea acerca de los alcohólicos. Lo que en realidad es un problema social y médico importante, es apartado así de la consideración seria con una sonrisa. En segundo lugar, nuestras opiniones se ven coloreadas por alusiones morales, lo cual hace que sea difícil acumular información y llegar a conclusiones apropiadas. En consecuencia, es muy difícil realizar un juicio objetivo del alcohólico. Una persona que se emborracha en una fiesta o conduce su coche estando intoxicada, una persona que gasta tanto en la bebida que el bienestar de su familia se ve afectado: ¿con qué palabras las juzgamos? ¿Censura, culpa, condenación, disgusto? ¿O las despreciamos, excluimos y castigamos? No es fácil comprender y menos aún condolerse o sentirse responsable. Para estudiar el problema del alcoholismo científicamente, es necesario liberarse por completo de actitudes condenatorias. Más aún, dicho enfoque es esencial si una persona —doctor, ayudante o amigo— quiere ser aceptada por el alcohólico como competente para comprenderlo y ayudarlo. Por último, el problema del alcoholismo se hace más difícil por la falta de términos técnicos que sean comprendidos por todos. ¿Qué es un alcohólico? Si no se lo define adecuadamente, el término se aplica con demasiada facilidad a todos los que beben en forma anormal. No todos ellos son alcohólicos. Más aún, hay muchos tipos diferentes de alcohólicos y muchos patrones variados de alcoholismo. Algunos definen al alcohólico desde la posición ventajosa de la víctima: denominan alcohólico a la persona que reconoce que debe dejar de beber pero no puede lograrlo. Otros se han centrado en las consecuencias observables de la bebida incontrolada: definen al alcohólico como una persona a quien la bebida le ha causado problemas crecientes en la salud, en la vida doméstica o social o en el trabajo. Otros subrayan la cantidad de alcohol que se consume y el patrón de los hábitos de bebida: desde su punto de vista los alcohólicos beberán cantidades excesivas en forma regular y continuarán hasta encontrarse indefensos ante la bebida.

Se necesita un marco de referencia si no se desea que el tema quede en la nebulosa. Utilizaremos la siguiente terminología:

Algunas personas son *abstemias*.

La mayoría bebe en forma moderada. Pueden emborracharse de vez en cuando. Son *bebedores sociales*.

Algunos beben en forma excesiva; aunque no siempre lo reconocen, su exceso se manifiesta o por la frecuencia con la que se intoxican o por las consecuencias sociales, económicas y médicas de su ingestión continuada de alcohol. Estos son *bebedores excesivos*. Aquellos bebedores excesivos que, al beber, originan dificultades personales y sociales harían bien en no engañarse y en reconocer que el alcohol es la raíz de su problema. Muchos bebedores excesivos que tienen crecientes dificultades originadas en el alcohol pueden necesitar urgente atención médica y responder a un tratamiento adecuado. Sin embargo, no todos los bebedores excesivos son alcohólicos, aunque es probable que la mayoría llegue a esa próxima etapa.

Los *alcohólicos* son personas con un desorden que puede definirse en términos clínicos y que requiere un régimen apropiado de tratamiento. La mayoría de los alcohólicos son dependientes del alcohol. Se los solía llamar *adictos al alcohol*, pero la palabra "adicción" se ha reemplazado por "dependencia". El significado es el mismo. No pueden dejar de beber en forma espontánea. Aunque pueden estar sin beber por algunos días o incluso a veces por períodos más largos, es muy probable que recaigan en el hábito. Cuanto mayor es la necesidad de dejar de beber, más difícil resulta. Además de esta característica de los dependientes del alcohol, de que no pueden estar mucho tiempo sin alcohol, generalmente sufren síntomas de abstinencia: efectos físicos y mentales negativos de corta duración (aunque a menudo graves) que sobrevienen cuando la bebida se interrumpe por unos días o aun algunas horas.

El alcohólico puede avanzar hasta una etapa donde su cerebro o su cuerpo han sido tan dañados por el alcohol que los efectos persisten aun cuando no está bebiendo. A esta etapa pueden llegar algunos bebedores excesivos que no han manifestado dependencia. Se denomina *alcoholismo crónico*. Este término debería aplicarse sólo cuando el cuerpo ha sido dañado físicamente por el alcohol.

Existen dos factores esenciales que determinan qué es un alcohólico. El primero es la *bebida excesiva*, que implica bebida repetida. Una única caída no connota, por sí sola, que se trata de un alcohólico. El segundo elemento es el *daño* que resulta de la bebida. A no ser que haya daño, una persona puede ser un bebedor excesivo y quizá puede estar en camino del alcoholismo, pero no es todavía un alcohólico. Los daños por el alcohol pueden ser físicos, psicológicos o sociales. Pueden ocurrir en una de estas esferas o en más de una. Un daño importante es la *dependencia* del alcohol. La Organización Mundial de la Salud, en su Clasificación Internacional de las Enfermedades, emplea hoy en día el término "síndrome de dependencia del alcohol" pero subraya que "no todos los individuos que experimentan deterioro e incapacidad relacionados con el consumo de alcohol sufren de dependencia del alcohol".

Por tanto definimos al alcohólico como una persona que: 1) bebe en forma reiterada cantidades excesivas de alcohol y 2) padece un daño por el alcohol.

Clasificar a los bebedores particulares puede no ser fácil; sin embargo, es esencial si se los quiere ayudar. No podemos proceder apropiadamente hasta que sabemos si son bebedores sociales, bebedores excesivos, bebedores excesivos con problemas, dependientes del alcohol o si han llegado a la etapa más avanzada del alcoholismo crónico. En resumen, necesitamos saber si han sido afectados y, de ser así, cuáles son los daños particulares.

La dependencia del alcohol es distinta de la dependencia de otras drogas peligrosas como el opio, la heroína y la cocaína. En primer lugar, la dependencia del alcohol es mucho más aceptada por la sociedad, ya que la bebida es en gran medida tolerada socialmente. En segundo lugar, las personas dependientes de otras drogas pueden avanzar gradualmente hasta una dosis mucho mayor que la que resultaría fatal para una persona normal; aquellos que dependen del alcohol no aumentarán su ingestión en la misma forma. El nivel de tolerancia adquirido es mucho menor. Aunque los alcohólicos habituados no resultan tan afectados por el alcohol como los bebedores novatos, no necesitan beber cantidades muy importantes para obtener el efecto deseado. Cuando las personas que dependen de las drogas dejan de tomarlas, experimentan un ansia: los cambios fisiológicos establecen una necesidad subjetiva de ingerir más droga. También desarrollan síntomas de abstinencia que pronto se alivian con otra dosis. El alcohólico puede abstenerse de la bebida por períodos bastante prolongados sin experimentar esa ansia, en particular si está en un hospital u otra institución.

Si los efectos de la abstinencia aparecen, no se suprimen con una sola dosis más de bebida. Este hecho hace que el ansia sea mucho menos imperativa que la que sigue a la abstinencia de drogas más peligrosas. El término *dependencia* es apropiado para los alcohólicos, sin embargo, en un sentido muy importante: incluso aunque no necesiten ingerirlo constantemente (es decir, que pueden no ser físicamente dependientes), los alcohólicos deben por lo menos volver al alcohol de vez en cuando, si no lo hacen continuamente. Con su ayuda, pueden hacer frente a un problema, a su familia y a sí mismos. El alcohólico depende del alcohol para funcionar de forma eficiente como ser social. Es la ironía de esto la que convierte al alcoholismo en un problema, ya que la misma droga en que los alcohólicos confían para funcionar tiene el inexorable efecto fisiológico de deteriorar el funcionamiento.

Resolver esta situación, ayudar a los alcohólicos a poder conducir sus vidas sin alcohol, se denomina "tratamiento". De este modo, podemos comprender, aunque no es necesario que estemos de acuerdo con todos sus aspectos, la definición pionera, de la Organización Mundial de la Salud, de "alcohólico":[1]

> Son alcohólicos aquellos bebedores excesivos cuya dependencia del alcohol ha llegado a un punto tal que presentan disturbios mentales notables o una interferencia en su salud mental y física, sus relaciones interpersonales y su normal funcionamiento social y económico; o los que muestran los signos prodrómicos de tales desarrollos.
>
> Por lo tanto, requieren tratamiento.

El término "tratamiento" sugiere algo que sólo los médicos pueden dar. Pero la ayuda que requiere el alcohólico debería ser brindada por todos aquellos que tienen relación con él: familiares, amigos y patrones, junto con agencias oficiales, miembros de las otras profesiones de la salud y médicos. Directa o indirectamente, el alcoholismo nos concierne a todos y es un problema que está creciendo.

El hecho de que el alcoholismo es una enfermedad debería ser reconocido más ampliamente en Gran Bretaña tanto por el público como por los médicos. En 1935, la American Medical Association firmó una resolución que declaraba que "Los alcohólicos son pacientes válidos". Esta es la contraparte de la frase de la OMS: "Por lo tanto, merecen tratamiento".

El alcoholismo también presenta problemas tanto para la comunidad como para los individuos alcohólicos y sus familias. En la mayoría de las ciudades es posible encontrar áreas necesitadas donde los alcohólicos se congregan, limbos donde llevan existencias miserables, degradadas y, a menudo, psicóticas. El alcoholismo conduce al absentismo y al desempleo, a la deuda, a la caída social y a veces al descuido de los hijos.

Hay otros males sociales que, si bien no pueden achacarse directamente al alcoholismo, están sin duda relacionados con él. Hay pruebas de que los alcohólicos aumentan el número de arrestos por embriaguez, en especial de adultos jóvenes, y de que son responsables de muchos accidentes de tráfico debido a la bebida. También ha habido un gran incremento, tanto de la bebida como del alcoholismo, entre las mujeres.

El hecho de que se mire al alcohólico como un problema médico o como un problema social afectará profundamente el curso futuro del desorden. Si se trata con los alcohólicos en un tribunal, es posible que se los encarcele en una atmósfera de custodia que no está dirigida hacia su rehabilitación. Si se les brinda tratamiento médico y los doctores están preparados para aceptar la responsabilidad de manejar su condición, la institución en que se admita al alcohólico (si acaso es necesario un internamiento) será probablemente un hospital. Las medidas adoptadas serán terapéuticas, diseñadas para fomentar el autorrespeto y alentar la determinación de superar la incapacidad. Cualquiera que sea responsable de tratar con un alcohólico debería obtener toda la información disponible, médica y social, y reflexionar seriamente sobre si el método que se ha elegido se adapta a los requerimientos individuales.

En los últimos tiempos ha habido una tendencia a tratar de reemplazar las palabras "alcohólico" y "alcoholismo" por los términos "bebedor con problemas" e "incapacidades relacionadas con el alcohol". No estamos de acuerdo. En realidad estos términos han sido inventados para suavizar el golpe y hacer que la gente acepte con más facilidad que tiene que enfrentarse a las realidades de la situación. Pero la situación es que son alcohólicos y que sin duda no se los va a ayudar con fraseología aguada que oculte la verdad. Del mismo modo, el término "incapacidades relacionadas con el alcohol" se refiere ni más ni menos a los daños que resultan de la bebida excesiva y eso es precisamente el alcoholismo. El personal no médico se ha aferrado a ese término porque cree que su aceptación daría como resultado una "desmedicalización" del alcoholismo. Sin embargo, como se verá en el capítulo 10, llamar a alguien "alcohólico" y etiquetar el problema como "alcoholismo" no nos obliga a considerar a todas las víctimas como enfermos médicos, ni exhortamos en modo alguno a que el tratamiento de los alcohólicos sea una cuestión médica. Sin embargo, insistimos en que requieren un examen médico detallado como parte de su evaluación.

2
La naturaleza del alcohol y sus efectos intoxicantes

El químico reconoce muchos alcoholes diferentes, pero el que bebemos se denomina alcohol etílico. Sus únicos elementos químicos son el carbono, el hidrógeno y el oxígeno, que existen en una combinación simple para formar un líquido incoloro. Dos átomos unidos de carbono tienen cinco átomos de hidrógeno adheridos para formar el radical etílico. Un grupo hidroxilo (o alcohol) completa la molécula química. En el diagrama, C, H y O simbolizan átomos aislados de carbono, hidrógeno y oxígeno; OH representa al grupo hidroxilo.

$$
\begin{array}{ccc}
 & H & H \\
 & | & | \\
H - & C - & C - OH \\
 & | & | \\
 & H & H
\end{array}
$$

alcohol etílico

Se pueden obtener otros alcoholes agregando o restando átomos de carbono e hidrógeno, pero sólo la variedad etílica tiene los efectos convencionales del alcohol como los conocemos y sólo el alcohol etílico es seguro para su consumo. El alcohol se puede preparar fácilmente con muchas plantas y el hombre lo conoce desde la antigüedad en todo el mundo.

Aunque el químico puede prepararlo a partir de sus constituyentes básicos, el alcohol que bebemos proviene de la fermentación de azúcares que tiene lugar naturalmente en las plantas. Las bebidas producidas de dicha fermentación: la cerveza, de la cebada; el vino, de las uvas; y la sidra, de las manzanas, tienen relativamente poco contenido de alcohol. La cerveza contiene por lo general 2,5 y 4,5% de alcohol por volumen, aunque las cervezas fuertes pueden tener proporciones más altas. Las sidras tienen, en términos generales, la misma graduación. La mayoría de los vinos contiene entre 10 y 12% de alcohol.

La graduación de las bebidas blancas es mucho mayor; la concentración extra se produce por destilación. En Gran Bretaña contienen generalmente entre 30 y 40% de alcohol; en los Estados Unidos, más. Allí, 40% es la proporción usual para la ginebra y el whisky (aunque algunos whiskies de malta son más fuertes). El ron, el coñac y el vodka son de graduación similar pero más variable. La graduación de los licores varía ampliamente. En las bebidas blancas se puede registrar como tantos "grados prueba". Esto se remite a una vieja medida de concentración del alcohol creada por los primeros destiladores. Si se mezcla pólvora con agua, no habrá ignición pero si se la mezcla con alcohol, sí. Si se prueban mezclas de alcohol y agua se observa que una combinación de mitad de alcohol y mitad de agua permitirá que la pólvora se encienda, pero menores concentraciones de alcohol serán inútiles. La graduación de los licores solía *probarse* de esta manera. Un licor probado contiene aproximadamente 57% de alcohol por volumen; 70 grados prueba significa que el contenido de alcohol es de alrededor del 40%. Sin embargo, hoy en día se está volviendo cada vez más usual exponer el porcentaje de alcohol en la etiqueta de la botella.

Algunas bebidas son mezclas de fermentos y destilados. El jerez, por ejemplo, es un vino fortificado al cual se agrega coñac para llevar la proporción de alcohol al 20%.

Sin importar qué bebida se beba, los efectos alcohólicos dependen de la cantidad de alcohol consumido y no de la coloración, el sabor o cualquiera de sus otros componentes.

El alcohol produce, según su graduación, un efecto en el interior de la boca, el esófago, el estómago y la parte superior de los intestinos. En la boca se lo experimenta como una sensación de ardor, agradable o levemente dolorosa. La expresión "me pega fuerte" describe a la perfección los efectos estimulantes y satisfactorios de un vaso de licor bebido de un golpe. Desde el estómago y los intestinos, el alcohol se incorpora al flujo sanguíneo y entra rápidamente en los tejidos y fluidos del cuerpo. Gradualmente se va destruyendo por oxidación, en especial en el hígado, y finalmente se descompone en dióxido de carbono y agua. Una pequeña cantidad, tal vez el dos por ciento, escapa a este proceso y se elimina en la orina y el aliento. La cantidad de alcohol que se exhala es sin duda muy pequeña, pero es suficiente para permitir el uso de pruebas de aliento para detectar la concentración de alcohol en el cuerpo. El olor en el aliento del bebedor se debe principalmente a otros componentes volátiles de las bebidas y no indica el grado de intoxicación. La velocidad a la que el alcohol se oxida es independiente de la concentración en el cuerpo; debido a que la velocidad máxima se alcanza rápidamente, a una persona que haya bebido mucho le llevará más tiempo que a un bebedor moderado volver a la normalidad. Un vaso de whisky o dos litros de cerveza pueden tardar cuatro o cinco horas en oxidarse y si la cantidad de alcohol se duplica, también se duplicará el tiempo. Por esta razón, la gente que bebe lenta pero continuamente, aunque parezca menos incapaz, tarda tanto en recuperarse de la bebida como aquellos que han absorbido una cantidad similar en forma rápida.

Los efectos del alcohol que experimentamos como intoxicación o embriaguez se deben a su acción sobre el sistema nervioso, pero también se producen cambios en otros lugares del cuerpo. El ritmo cardíaco puede aumentar un poco y hay un flujo mayor en los vasos sanguíneos que produce una sensación de rubor y calor en la piel. Aumenta el ritmo de la producción de orina, principalmente como consecuencia de la cantidad de fluido que se bebe pero también a causa de que el alcohol influye sobre la glándula pituitaria que controla el ritmo de formación de orina.

El alcohol es un alimento. Es un carbohidrato y, al absorberse rápidamente desde el estómago, es una rápida fuente de energía. Sin embargo, esta energía no puede usarse eficientemente debido a los efectos incoordinantes e intoxicantes del alcohol. Sólo el que se autoengaña puede creer que el beber constituye algo dietéticamente útil.

Se dice que el alcohol es afrodisíaco y estimula la función sexual. Puede estimular el deseo y la persona tímida o cauta puede llegar a hacer el amor bajo su influencia ya que las inhibiciones, los miedos y los escrúpulos se han reducido. Sin embargo, es un efecto psicológico. El alcohol ejerce una función reductora de la potencia.

El alcohol reduce la actividad del sistema nervioso. Todas sus funciones disminuyen. ¿Cómo puede ser, entonces, que se lo considere estimulante? A menos que podamos resolver esta paradoja nunca comprenderemos por qué el hombre usa el alcohol.

Pongamos en orden las pruebas por las que afirmamos tan categóricamente que el alcohol reduce la actividad del sistema nervioso. En el aspecto físico aturde como un anestésico, de manera que la persona puede caerse estando borracha y no darse cuenta de que se ha lastimado; puede provocarle sueño y aun puede hacerle perder la conciencia. Altera el ritmo de la actividad cerebral, lo cual puede observarse cuando se la registra eléctricamente desde la cabeza. Incluso en pequeñas cantidades, afecta el habla y el equilibrio y deteriora el juicio. Después de unas cuantas copas, nuestra habilidad para reaccionar con rapidez ante una situación cambiante o una emergencia se reduce, de modo que no debemos conducir un vehículo. Podemos arreglarnos bien en un camino vacío o en el tránsito normal, pero si un coche se nos acercara de repente o alguien se saliera del canal de la vía en forma inesperada, no podríamos dar la respuesta apropiada con la suficiente rapidez como para prevenir el accidente.

En una relación social normal, por ejemplo una fiesta, ya no nos es posible determinar con tanta exactitud y rapidez lo que es correcto decir o callar. Aquí yace la explicación de la paradoja. Lo primero que se reduce es el poder de refrenarse. La inhibición de nuestras acciones o nuestros deseos, que todos adoptamos para relacionarnos con los demás, es el producto de los procesos mentales más elevados y son éstos los primeros en dañarse. Cuando se quita el freno que normalmente aplicamos sobre nuestros impulsos instintivos, aparece una conducta imprudente y estos impulsos liberados se expresan con fuerza, lo que causa una impresión de estimulación. El solitario se convierte en gregario, el tímido se vuelve locuaz y el temeroso, arriesgado. El autocrítico se trata con bondad, el sexualmente inhibido se anima a ser cariñoso. Al principio, la charla y la actividad crecientes provocan sonrisas, alegría y, a menudo, bullicio, pero generalmente conservamos suficiente autocontrol como para contenerlas dentro de sus límites. Por lo general, la bebida social no va más allá y la atmósfera que se produce puede ser en efecto estimulante. También es contagiosa. Si uno o dos miembros de un grupo deciden no beber porque deberán conducir a casa, suelen encontrar que la risa, el afecto y el buen humor generales se les pegan también, de modo que pueden compartir el estado de bienestar de los demás.

A veces, sin embargo, la bebida facilita un estado general de abatimiento o ira y ha habido casos de grupos de personas que, habiendo avivado tanto sus pasiones con el alcohol, cometieron actos crueles, absurdos e irrevocables que, si los procesos mentales más elevados hubieran estado intactos, cada individuo habría rechazado con repugnancia. Esto, por supuesto, es extremo, pero las reacciones de la mañana siguiente a veces contienen un sentido de asombro y vergüenza por haber sido capaz de actuar tan negligentemente la noche anterior. Uno de los efectos de la bebida en un ámbito social es que las características y cohibiciones individuales disminuyen y predominan los instintos de grupo o —hasta podríamos llamarlos— de horda.

Estos cambios, que el médico y el fisiólogo llaman "depresión del sistema nervioso", comienzan con la primera copa. No hay un nivel por debajo del cual uno pueda beber sin que se aprecien cambios y por encima del cual uno se vea afectado. Estrictas pruebas de discriminación, memoria y habilidad para conducir muestran que el deterioro se inicia con el comienzo de la bebida y avanza a paso firme a medida que la bebida continúa. Sabemos también que se establece un círculo vicioso: cuanto más bebemos, más se pierden nuestras facultades y nuestro juicio y, en consecuencia, menos apreciamos la disminución de nuestras habilidades. En nuestro experimento,[2] se les pidió a varios conductores de autobús, después de beber distintas cantidades, que juzgaran si eran capaces de pasar sus vehículos entre dos postes movibles. A medida que bebían más y más, se volvían menos precisos en la decisión, pero más convencidos de tener razón. Esta es una de las razones por las cuales es imposible determinar una cantidad de bebida o de concentración en la sangre por debajo de la cual es apropiado conducir. Para los propósitos legales se puede fijar un nivel arbitrario, pero la verdad es que cualquier bebida, un poco de whisky o un vaso de cerveza, produce algún deterioro. Los bebedores mismos no están en una buena posición para decidir si es seguro que conduzcan.

Con una sola copa que se tome se pueden alcanzar ciertos niveles de concentración de alcohol en la sangre, los cuales aumentarán cuanto más se beba. Más tarde, cuando al bebedor se le va pasando la embriaguez, la concentración en la sangre alcanzará otra vez estos niveles a medida que decae. Si realizamos observaciones psicológicas en dos momentos en que la concentración de alcohol en la sangre es la misma, una cuando está aumentando y la otra cuando está disminuyendo, observamos que el cometido del bebedor es mejor en el último caso. El sistema nervioso del bebedor se ha adaptado en alguna medida al alcohol del cuerpo. Por lo tanto, ni la cantidad de alcohol que se ha bebido ni el nivel de alcohol en la sangre pueden ser una guía absoluta sobre las capacidades de la persona.

Otra razón por la que es peligroso establecer cantidades seguras a beber es que en los bebedores se da una tolerancia mayor. Este fenómeno explica por qué no toda la gente que bebe la misma cantidad se intoxica en igual medida. La misma ingestión de alcohol afecta a cada persona en forma distinta. Algunos tienen mayor tolerancia que otros, es decir, que su eficiencia se deteriora menos. Los individuos desarrollan mayor tolerancia al principio de su carrera de bebedores; al comienzo se verán más afectados por, digamos, seis whiskies, que más adelante. Sin embargo más tarde, especialmente si se enferman o están mal alimentados, la tolerancia puede disminuir nuevamente. Esto explica la perturbadora experiencia de muchos alcohólicos avanzados que de repente se encuentran mucho más desorganizados por una cantidad de bebida que antes creían poder soportar sin dificultad.

Durante el proceso de adquisición de tolerancia, las células del cuerpo se acostumbran al alcohol, de modo que una concentración dada las afecta menos que antes. Se desconoce cómo se desarrolla esa tolerancia. No tiene nada que ver con el ritmo de absorción, metabolismo o excreción del alcohol, pero las células del cuerpo, en particular las del cerebro, se acostumbran a funcionar en presencia de una concentración de alcohol mayor que la que podían tolerar con anterioridad.

3
Los efectos perjudiciales del alcohol sobre el cuerpo y el cerebro

Si se mira a un extraño es muy poco probable que se lo pueda identificar como a un alcohólico sólo por su apariencia. Es fácil decir que una persona está borracha, pero no es fácil saber si alguien es un bebedor habitual. Aun así, es verdad que la bebida excesiva continua produce cambios corporales y éstos a su vez ocasionan enfermedades tanto físicas como mentales.

Desde el punto de vista físico, la consecuencia más grave del alcoholismo es la *desnutrición*. Esta surge de dos maneras. Los alcohólicos crónicos no comen lo suficiente, y lo que comen no los alimenta como debiera. Los alcohólicos no comen lo suficiente en parte porque sus ingresos pueden ser escasos, pero también porque redistribuyen los gastos de manera que puedan comprar más bebida y, en consecuencia, menos comida. La bebida se transforma en una necesidad más urgente que la comida. Con frecuencia, los alcohólicos se ven forzados a valerse por sí mismos, ya que sus cónyuges y parientes los han abandonado. Tanto el deseo de cocinar como las comodidades para hacerlo pueden ser escasos, por lo que deben recurrir a la onerosa práctica de comprar comidas preparadas. Entonces, la dieta puede contener exceso de almidón y pocas proteínas. Si comen en los bares para poder beber al mismo tiempo, se alimentan principalmente de pan, patatas fritas y, a veces, salchichas. El alto precio de la comida en los bares constituye otro revés económico. Sin embargo, obtendrán suficientes calorías gracias al alcohol. Además de la falta de proteínas, una dieta semejante tiende a ser escasa en vitaminas, particularmente en vitamina B.

Estas consideraciones se aplican más al alcohólico pobre que al rico, pero incluso los bebedores habituales adinerados tienden a perder comidas y a autoinducirse restricciones en la dieta a causa de la falta de apetito. El alcohólico prefiere renunciar al refresco sólido, por el líquido. La falta de apetito del alcohólico (*anorexia*) se ve acompañada, a menudo, de náuseas matinales que lo llevan a abandonar el desayuno; durante el día, la provisión constante de calorías alcohólicas entre comidas reduce las sensaciones de hambre, y el efecto de un estómago inflamado (*gastritis*) o de un hígado enfermo (*cirrosis*) producirá mayor anorexia. Estos factores, en forma independiente o aunados, pueden provocar *deficiencias nutricionales* aún más graves, ya que es posible que la comida no se absorba correctamente desde los intestinos ni se metabolice para uso del cuerpo. Llegamos a un punto donde la desnutrición misma contribuye a la cirrosis del hígado y ésta, a su vez, provoca mayor desnutrición. Una vez que el alcohólico llega a cierta etapa de cambio físico, un deterioro mayor se produce con rapidez.

El alcoholismo crónico es una de las causas más comunes de las enfermedades del hígado. El alcohol mismo ejerce un efecto tóxico directo sobre las células del hígado, y la absorción deficiente del alimento desde el intestino, sumada a una dieta inadecuada, produce escasez de algunas sustancias esenciales para la restauración del hígado. Aunque en sus primeras etapas la enfermedad del hígado puede ser leve y reversible, de continuar inadvertida avanza rápidamente hasta una forma grave que se denomina "cirrosis", por las cicatrices y el endurecimiento que sufre el hígado. Los rasgos clínicos más importantes son una sensación de malestar (se denomina "disfunción hepática" a su forma leve), flatulencia, anorexia y palidez de la piel. Alrededor de un tercio de los enfermos desarrollan *ictericia*. Más adelante en el curso de la enfermedad pueden producirse vómitos de sangre y acumulación de fluido en el abdomen, lo que produce la muerte en alrededor del 50% de los casos. Las mujeres son más vulnerables al desarrollo de cirrosis con niveles menores de bebida.

Antes de que se desarrolle la cirrosis, es probable que el alcohólico sufra de gastritis bastante grave. En efecto, algunos bebedores puramente sociales se ven tan afectados por esta condición que el dolor y la flatulencia hacen que dejen de beber. La inflamación del estómago, de la cual la condición toma su nombre, es ocasionada directamente por la propiedad irritante de las bebidas fuertes: los licores la provocan más que la cerveza o el vino. Los vasos sanguíneos del estómago se dilatan y todo el interior se cubre de mucosidad. Además el estómago deja de contraerse y se distiende, produciendo malestar y flatulencia. La gastritis es la más fácil de curar de todas las afecciones alcohólicas. Desaparece rápidamente una vez que se deja de beber.

El páncreas es otro órgano de la digestión, situado detrás del estómago y encargado de producir un número de jugos digestivos. También produce insulina. En consecuencia, cuando el alcohol lo ataca, algunos pacientes sufren mayores problemas de digestión y unos pocos desarrollan diabetes (por lo general, leve). Sin embargo, el efecto principal de la inflamación crónica del páncreas causada por el alcohol es un dolor agudo y continuo del abdomen o la espalda. El origen alcohólico de la afección a menudo pasa inadvertido; aun así, el alcoholismo es causa frecuente de *pancreatitis*.

Otras enfermedades físicas ocasionadas por el alcoholismo crónico son padecidas por el sistema nervioso. Una causa importante es la desnutrición, que produce deficiencia de una o más de las vitaminas B. Esto ocasiona una afección común, la *neuritis periférica*. Las fibras nerviosas son las que soportan esta patología y los nervios más largos, que se extienden desde la columna vertebral hasta los extremos de los miembros, son los más afectados. De ahí que la neuritis sea "periférica". Afecta principalmente a pies y manos; comienza con una sensación de hormigueo y picazón y avanza hasta el entumecimiento. Al verse afectados los nervios que van a la piel, la víctima no puede asegurar con exactitud qué está

31

tocando y puede no saber que tiene algo en la mano si no mira. No percibe los desniveles en la superficie del suelo y todo el tiempo cree estar caminando no sobre tierra firme sino sobre algodón. En una etapa posterior, se dañan los nervios que van a las articulaciones, de modo que el paciente puede ya no saber la posición de sus pies y manos. En consecuencia, se cae muy a menudo. Los nervios sensitivos resultan afectados más prematuramente que aquellos responsables del movimiento muscular pero, a medida que la afección progresa, la debilidad se acentúa, primero en las extremidades y luego se extiende hacia el tronco. La neuritis periférica puede requerir de tratamiento en cama. Se necesita una terapia de vitamina B y pueden pasar muchos meses antes de que la recuperación sea completa.

El alcoholismo a menudo produce un tipo característico de cambio en los glóbulos rojos que para el experto es indicador de la causa. En efecto, la presencia de glóbulos rojos grandes en ausencia de anemia es, para muchos, un diagnóstico virtual de alcoholismo y, por ende, resulta útil como prueba reveladora de alcoholismo.

Estos estragos físicos del alcohol aparecen, por razones obvias, en una etapa más avanzada. Si el tratamiento no se inicia y se lleva a cabo con vigor, es probable que el paciente vaya cuesta abajo hacia la invalidez y la muerte. Por fortuna, ya no puede evadirse la atención médica y, a no ser que el médico entre en una conspiración secreta con el paciente para encubrir la naturaleza real de la afección, es posible persuadir al alcohólico de aceptar un tratamiento para dejar de beber.

Como recalcaremos más adelante, la gran tragedia es que muchos médicos de forma obstinada pasan por alto el alcoholismo y sólo consideran que sus complicaciones son tratables. Si se descuida la causa subyacente, aun cuando los síntomas físicos puedan mitigarse, éstos volverán a presentarse en caso de que la resolución de dejar de beber no continúe. Esto puede suceder si no se aplica un tratamiento destinado a combatir el alcoholismo mismo.

La *resaca* que experimentan los alcohólicos difiere en cierta medida de la sensación desagradable que muchos no-alcohólicos deben de haber experimentado y que denominan de igual modo. Consiste en un número de síntomas de duración limitada y de gravedad variable que aparecen cuando se interrumpe la bebida. Los síntomas psicológicos son tensión, ansiedad, depresión, deterioro del pensamiento, instinto disminuido; son usuales el desorden en el sueño y también las náuseas. En realidad, la resaca puede ser tan atroz que los alcohólicos que regularmente no se abstienen de beber se descorazonan aún más por la certeza de que todo el proceso, por más breve que sea, va a repetirse hasta el infinito. Las causas de la resaca son complejas y no se las conoce por completo, pero la deshidratación es un aspecto importante.

Los *síntomas de abstinencia* son causados por un cese de la bebida o una reducción repentina de la cantidad ingerida. Como consecuencia, se produce una caída en la concentración de alcohol en la sangre. Los antiguos bebedores que han mantenido una ingestión muy alta de alcohol en forma continua durante días o semanas antes de cesar de beber, sienten esta reducción en la concentración y desarrollan síntomas. Los mismos síntomas que siguen a la abstinencia del alcohol pueden producirse en alguien que deja las pastillas para dormir en forma repentina, después de haber tomado altas dosis por algún tiempo. Debido a esta similitud en los síntomas de abstinencia, el alcohol y los sedantes se clasifican en el mismo grupo de las sustancias que crean dependencia.

Los síntomas aparecen en cualquier momento, desde unas pocas horas hasta unos pocos días, después de dejar de beber. Los síntomas más leves comienzan primero, el delirium tremens, el más grave, aparece más tarde. El estado de abstinencia más temprano y más común es la *ansiedad aguda*. Así es como la denominan los médicos, pero los alcohólicos la conocen como "los temblores". Aparecen tan rápido después de una reducción en la bebida, que en realidad pueden surgir antes de que se deje de beber por completo. Los ocasiona una caída de la concentración de alcohol, aunque no necesariamente una concentración cero. Por lo general, tardan algunas horas en desarrollarse, por lo que algunos alcohólicos los padecen todas las mañanas: "Cuando me despierto tengo que beber para calmarme" es una queja común. En este estado, el alcohólico está agitado, nervioso y asustadizo. El rasgo principal es un fuerte temblor en las manos que empeora cuando se trata de hacer algo con ellas. A veces se siente un temblor interno. Hay ansiedad, inquietud física y una sensación de debilidad. La agitación y el temblor pueden llegar a un grado tal que la persona no puede sentarse y quedarse quieta, vestirse o servir una copa sin derramarla. La afección desaparece bastante rápido, aunque no de inmediato, al beber; sin alcohol puede persistir durante una semana o más. Una cuarta parte de las personas que sufren ataques moderados o graves tienen también alucinaciones. Por lo general son cortas y sólo pueden reconocerse como tales una vez que han cesado. Entonces el alcohólico relata una pesadilla vívida que era difícil de diferenciar de la realidad. Las alucinaciones pueden ser visuales o auditivas. Las cosas que los rodean pueden aparecer distorsionadas y las sombras parecen ser reales y moverse. Oyen gritos o trozos de música y los comentarios inocentes de los demás pueden ser mal interpretados, estén o no dirigidos al alcohólico. Cuando se los examina en este momento, en especial si es en el ambiente extraño de un hospital o una estación de policía, el alcohólico puede no estar seguro de dónde se encuentra y puede no saber el momento del día y el día de la semana. Esto se denomina desorientación.

El *delirium tremens* es una de las afecciones más dramáticas de toda la lista que encontramos en la medicina. Para el observador hay un cuadro muy cambiante de actividad confusa y desordenada. Para la víctima, cada momento consciente es de extremo temor. Las características dominantes son el miedo, la agitación y un gran aturdimiento; la desorientación y las alucinaciones son las más vívidas. El delírium trémens —DTs— generalmente comienza de dos a cinco días después de abandonar la bebida muy fuerte. Puede ser la primera manifestación aunque, frecuentemente, el estado de ansiedad se le suma en forma imperceptible. Por lo general, siempre ha habido al menos diez años de bebida excesiva antes del primer ataque.

Los síntomas son espectaculares; se experimenta gran inquietud y agitación. En el pabellón de un hospital dos o más personas deben sujetar al paciente, a pesar de estar débil, para ser llevado a la cama. Nunca está quieto, se mueve y da vueltas sin descanso, conversa constantemente y va de una persona a otra y de un tema al otro al menor estímulo; es miedoso y a menudo grita saludos o advertencias a la gente que pasa. Las manos, que se agitan de forma incontrolada, se aferran a las sábanas; el paciente delirante trata continuamente de quitarse de encima objetos imaginarios, monedas relucientes, cigarrillos encendidos, naipes o chinches. Presa de alucinaciones visuales siempre cambiantes, el alcohólico oculta su cara para no percibir los objetos, animales y hombres amenazadores que lo atacan. En cualquier momento la atención se distrae por un gesto o comentario casual de alguien que está cerca. Las pupilas de los ojos se dilatan y el ejercicio incesante provoca pulso acelerado y, a veces, fiebre.

El paciente está completamente desorientado y puede no reconocer el ambiente, la hora del día, la fecha o incluso el mes. La persona que experimenta delirium tremens no identifica a la gente; cree, por ejemplo, que la enfermera es una camarera, a veces no reconoce a gente conocida y otras veces saluda a extraños como si fueran viejos amigos, los llama por el nombre y, si se le pide, inventa las circunstancias de su último encuentro. Es intensamente sugestionable y responde sin demora a las peticiones de los demás, de modo que, por ejemplo, se lo puede inducir a que lea la hora en un círculo vacío si se le dice que es un reloj. Está en un estado de total confusión.

Prevalece en el paciente una terrible aprensión que surge principalmente de la mala percepción y representación de lo que lo rodea. La víctima siente que está siendo amenazada por todos lados y es posible que luche para detener a sus atacantes. La mente reacciona así porque el ego, la parte ejecutiva del sí mismo, no puede cumplir sus funciones cuando hay una desorganización aguda en el cerebro. El alcohólico ha soportado la desaprobación sensible de los demás por largo tiempo y en el estado de confusión actúa según los miedos y sospechas que normalmente se reprimen.

No hay necesidad de indagar acerca de las alucinaciones: su presencia es evidente. Los pacientes responden a voces imaginarias y reaccionan ante visiones imaginadas. Ven, en particular, objetos pequeños que se mueven con rapidez. Tradicionalmente describen ratas y ratones, pero a menudo los animales son más amenazantes: grandes moscas negras que les zumban en la cara, gatos que vienen a arañarlos. A veces las alucinaciones son más extrañas: "Maletas con cremalleras que me muerden las piernas", dijo un paciente. A veces el miedo se transforma en resignación: "Sé que vas a matarme, así que hazlo de una vez". Algunas veces hay momentos de afable jovialidad en que el paciente ofrece "bebidas para todos", pero el miedo pronto se reafirma. No hay palabras para describir el cuadro que el delirium tremens totalmente desarrollado presenta durante las horas o días anteriores a que el paciente caiga exhausto en un sueño profundo. De este sueño, por lo general, no emergen mucho peor, aunque se sienten cansados y débiles y tienen la memoria de los hechos recientes aunque de forma aturdida.

Sin control, la afección tarda normalmente tres o más días en seguir su curso, pero por suerte se la puede modificar considerablemente a través de ciertas drogas. Todavía se producen muertes, sobre todo como resultado de otras enfermedades que se presentan al mismo tiempo. Como el delirio es una reacción de abstinencia, debemos preguntarnos por qué cesó la bebida. Por lo general, se debe a que, por alguna razón, el alcohólico no puede mantener su provisión de bebida. A menudo la interrupción de la bebida se debe a que se lo interna en un hospital con una enfermedad, como neumonía, o con una herida producida en algún accidente. A menos que se advierta que la persona es alcohólica y, por ende, se anticipe la posibilidad de que se desarrolle delírium trémens, el forzoso alejamiento del alcohol que le espera no estará compensado con la medicación adecuada. Más o menos tres días después, el médico o cirujano se verá ante un caso de delírium trémens. Sin embargo, si la posibilidad se tiene en mente, es posible prevenir un ataque o detenerlo rápidamente.

La *epilepsia alcohólica*, cuando se presenta, surge al primer o segundo día de dejar de beber. Cualquier persona a la que se dé suficiente estímulo podrá sufrir un ataque, pero la abstinencia del alcohol aumenta la susceptibilidad del cerebro para sufrir descargas eléctricas espontáneas que provocan ataques. Pueden aparecer accesos aislados pero, generalmente, son convulsiones más fuertes que llevan a la pérdida de la conciencia y que deben ser tratadas de igual modo que otras formas de epilepsia sintomática.

Se ha logrado saber que estos estados —ansiedad alcohólica, epilepsia alcohólica y delírium trémens— son fenómenos que resultan de la abstinencia del alcohol gracias a dos procedimientos decisivos de investigación: en primer lugar, la observación meticulosa del momento del comienzo del estado en relación con el momento de cesación de la bebida y, en segundo lugar, la producción de estados similares que sigue a la abstinencia repentina de los sedantes.

Hasta ahora hemos discutido el daño que la bebida excesiva produce en el cuerpo. Debemos analizar ahora los estados mentales anormales que surgen de los efectos que produce en el cerebro la ingestión excesiva prolongada. Los síntomas mentales del alcoholismo crónico surgen por dos motivos: por falta de vitaminas o por la destrucción de células cerebrales.

En muchos casos, los alcohólicos crónicos tienen deficiencia de vitamina B. Esta falta provoca desórdenes mentales que no son simplemente el resultado de la abstinencia del alcohol. Uno de ellos es una severa alteración de la memoria. En este estado la conciencia no se deteriora y no existe confusión. Por lo general, la afección se advierte por primera vez cuando el ataque de delírium trémens está terminando, pero no se relaciona con éste de otra manera. La pérdida de la memoria es selectiva y ha sido descrita con exactitud en el informe de 1877 del psiquiatra ruso Korsakov, bajo cuyo nombre se ha denominado al *síndrome amnésico*:

En estos casos el desorden de la memoria se manifiesta en la forma de una amnesia (pérdida de la memoria) extraordinariamente peculiar donde la memoria de los sucesos recientes se altera, mientras que los sucesos más remotos son bien recordados. En la mayoría de los casos, este tipo particular de amnesia se desarrolla después de la agitación prodrómica con confusión. Esta agitación dura varios días, tras los cuales el paciente vuelve a calmarse. Su conciencia se aclara, parece estar en mejor posesión de sus facultades, recibe información correctamente aunque su memoria permanece muy afectada... Al primer contacto con el paciente puede no notarse la presencia de disturbios psiquiátricos. El paciente aparenta estar en posesión de todas sus facultades: razona perfectamente bien, hace deducciones correctas a partir de proposiciones dadas, hace bromas, juega al ajedrez o a las cartas. En suma, se comporta como una persona psiquiátricamente normal. Sólo tras una larga conversación puede notarse que el paciente confunde los hechos, que no recuerda absolutamente nada de lo que sucede a su alrededor. No recuerda si cenó o si se levantó de la cama. A veces olvida lo que sucedió un momento antes. Uno entra en su habitación, conversa con él y sale por un instante. Cuando uno regresa, el paciente no recuerda que le estuvo hablando hace un minuto. No puede recordar a las personas que conoce en el curso de la enfermedad, por ejemplo su médico o su enfermera, y les asegura que los ve por primera vez. Sin embargo, recuerda con precisión los hechos pasados que tuvieron lugar antes de la enfermedad.

Es casi increíble lo escasa que puede ser la memoria del paciente. Un paciente se despertaba cada mañana creyendo que había sido internado la noche anterior. Un paciente que era corredor de bolsa, tras semanas en el hospital, todavía necesitaba leer los nombres al pie de cada cama para encontrar la suya al volver del lavabo. Sin embargo, sus otras facultades estaban tan bien preservadas que había perdido una fortuna en los últimos meses sin que nadie advirtiera que estaba enfermo. Había olvidado hacer los cambios de inversión que sus clientes le habían ordenado. Para compensar la pérdida de la memoria, el paciente podrá confabular, es decir, inventar circunstancias para llenar las lagunas de su memoria y tratar de encubrirlas. El médico puede inducir fácilmente esas confabulaciones por sugestión. Además de la pérdida de la memoria, o tal vez debido a ésta, la inteligencia se daña. Ya no puede resolver problemas ni en la vida real ni en los tests psicológicos tan bien como antes. Una vez que el síndrome amnésico se ha desarrollado, es imposible revertirlo completamente, aunque lentamente puede lograrse una recuperación considerable de la memoria con la medicación adecuada.

En otra afección, la *encefalopatía de Wernicke*, se presenta una gran dificultad para la concentración y lentitud para responder a preguntas, aunque la conciencia es plena. A menudo, aunque no siempre, está asociada con una pérdida de la memoria tipo Korsakov. También hay parálisis de algunos movimientos del globo ocular y frecuentes alteraciones en la marcha y el equilibrio. Esta afección se asocia con cambios patológicos en áreas particulares de la base del cerebro debidos a la escasez de vitamina B.

Muchos alcohólicos crónicos dan prueba de una continua pérdida de inteligencia a medida que avanzan los años de bebida. Esto se conoce como *demencia alcohólica*. Se produce una disminución insidiosa de su actividad intelectual. Se vuelven menos perceptivos a lo que sucede a su alrededor, menos capaces de realizar una evaluación sutil de sus experiencias y tienen dificultades en darse a entender. Les resulta difícil llevar a cabo tareas nuevas y complicadas, y, por lo tanto, les resultan menos atractivas; se vuelven más inactivos. Sus parientes y allegados lo perciben gradualmente, pero por error lo atribuyen a un cambio de conducta y no a una pérdida intelectual. Los tests psicológicos revelan la verdadera naturaleza de este estado porque proporcionan pruebas del deterioro orgánico de la inteligencia. La condición se debe a la destrucción de células cerebrales. La exploración del cerebro, una técnica reciente de investigación que brinda imágenes del cerebro, revela que existe pérdida de tejido cerebral. Más aún, esta investigación ha mostrado que la pérdida de tejido cerebral comienza antes de lo que se pensaba en la carrera del alcohólico. Cuando el deterioro es muy grande el paciente puede estar incapacitado y es posible que deba internarse en el hospital en forma permanente. La demencia no es una consecuencia inevitable del alcoholismo crónico. La mayoría de los alcohólicos crónicos que han sido tratados con buenos resultados funcionan sin dar pruebas de deterioro intelectual. Sin embargo, una vez presente, la demencia es irreversible.

Todas las afecciones precedentes son incuestionablemente orgánicas en etiología. Están causadas por anormalidades químicas o estructurales en el cerebro. Hay otras condiciones psicológicas a las que no se ha encontrado tal base orgánica. Se las denomina desórdenes "funcionales". Este nombre los pone en la misma línea de las psicosis no relacionadas con el alcohol a las que, sin duda, se parecen en alguna medida: tanto es así que todavía hay controversia entre si, cuando estas dolencias se desarrollan en un alcohólico, la bebida fue la causa o simplemente el primer síntoma. Tales dudas no pueden resolverse por completo y es más sabio limitarse a destruir las afecciones que tratar de dar una explicación autorizada.

La primera de ellas es la que se denomina *celos patológicos*. Generalmente afecta a los hombres pero a veces también a las mujeres y se dirige hacia el cónyuge, al que se cree infiel. Los celos patológicos van más allá de los celos normales, aunque al principio pueden limitarse a sospechas pasajeras que pueden resistirse con facilidad. Los hombres alcohólicos describen normalmente tales ideas y al principio puede que sus esposas no se sientan acosadas por la cuidadosa atención que les prestan sus maridos. A medida que los celos se vuelven más intensos, el alcohólico todavía puede mantener la capacidad de dudar de sus sospechas, aunque ahora lo perturban tanto, como para mostrarse como un síntoma. En los casos graves, el convencimiento de la infidelidad de la esposa alcanza una fuerza alucinatoria. No se lo puede vencer con el razonamiento y se resiste a las pruebas claras que refutan argumentos específicos. El marido celoso se aferra a cualquier comentario casual de su mujer, a cualquier mirada furtiva que reciba de un hombre, para alimentar sus sospechas. Revisa su cartera en busca de cartas o su ropa interior para ver si encuentra alguna señal delatora. La mujer celosa busca marcas de lápiz labial en su marido o en su ropa. No confían en las protestas de inocencia. El alcohólico con frecuencia recrimina a su cónyuge, y el marido alcohólico muy a menudo golpea a su mujer ya sea por su supuesto adulterio o para tratar de hacerla confesar. Esa situación puede volverse insoportable para una mujer, pero aun así es tan limitado el campo de los delirios de su marido y él es tan racional en todos los demás aspectos que es casi imposible estar seguro de cuál es la verdad y, de ser necesario, ordenar su detención forzosa en un hospital. De más está decir que no accederá a ir voluntariamente. La separación es a menudo la única salida, aunque su efecto inmediato es el de avivar la llama de la sospecha. A menudo en los juzgados se oyen testimonios de celos patológicos, y pueden terminar en homicidio. Una explicación de por qué se asocian con el alcoholismo se puede encontrar en nuestra teoría del *cambio paranoide* que describimos en el capítulo 8 como una de las etapas del alcoholismo. Los psicoanalistas sostienen que los celos patológicos son una manifestación de homosexualidad encubierta. Es una defensa para el paciente contra la aceptación de sus propias inclinaciones y, al mismo tiempo, una secreta gratificación de las mismas. Proyecta sobre su esposa sus propios sentimientos no reconocidos hacia el otro hombre. Desde luego, esta visión no es compartida por todos los psiquiatras.

Una vez que los celos patológicos han llegado a la etapa de los delirios, la perspectiva de recuperación no es buena. Algunos pacientes desarrollan una actividad parecida a la esquizofrenia. Sin embargo, las formas menos extremas de celos por lo común desaparecen si el paciente deja de beber. Los celos morbosos son más comunes entre los hombres alcohólicos que entre las mujeres, pero también se presentan en éstas, con los papeles invertidos. Una de nuestras pacientes, por ejemplo, estaba convencida de que su esposo tenía un romance con su mejor amiga, pero repentinamente pasó a un convencimiento también ilusorio de que mantenía una relación homosexual cuando encontró una mancha fecal en su ropa interior. Un alcohólico, a través del autoabandono, puede sin duda alejar a su pareja.

Otra dolencia psicótica es la *alucinosis paranoica*. El paciente, plenamente consciente, oye voces, característicamente muy vívidas, que hablan sobre él en lenguaje obsceno. Las alucinaciones pueden desaparecer si cesa la bebida, pero a veces, aun con la abstinencia, continúan por años. Un paciente, corredor de apuestas, describió cómo había permanecido "conectado" con tales voces por espacio de diez años, durante los cuales había podido continuar trabajando y bebiendo. Cuando abandonó la bebida las voces cesaron, pero a la primera vez que reincidió volvieron, y aunque luego pudo mantenerse abstinente, las voces persistieron en forma permanente. Las alucinaciones auditivas de este tipo son distintas de las alucinaciones vívidas, momentáneas y desorganizadas, a menudo visuales, que acompañan a la ansiedad alcohólica y al delirium tremens.

Oí claramente una conversación entre mi madre y mi empleada doméstica que pensé estaba teniendo lugar fuera de la cocina. Durante todo el día, pedí varias veces a los miembros de mi familia que repitieran lo que habían dicho porque no los había oído bien y tan sólo me respondían que no habían abierto la boca. Oí varias veces la voz de mi marido que me llamaba como si estuviera arriba o en la sala.

Al día siguiente estaba descongelando la nevera cuando oí claramente la voz de mi marido en su oficina, que está muy lejos de casa. Lo oí hacer consultas con tres personas distintas, luego dictar cartas y hablar con su secretaria. Me parecía que realmente oía lo que estaba pasando en ese preciso momento. Durante toda la tarde me perturbé mucho al oír una voz masculina desconocida, alta y clara, que afirmaba ser mi conciencia. Para entonces me encontraba en un estado de agitación; sinceramente creía que se trataba de mi conciencia que me reprendía. Esta voz no me dejaba en paz y estaba acompañada de música y de un coro mixto que podría definir como música de iglesia. Después de la cena, estas voces eran tan altas y persistentes que estaba segura de que todos los que estaban en la habitación conmigo debían de oírlas tan bien como yo. En consecuencia me alejaba en cada ocasión posible y hasta me encontré hablando en voz alta en respuesta a esta "conciencia". Mi marido se preguntaba la razón de mis frecuentes desapariciones y, al final, le confié el problema. A medida que avanzaba la noche, la naturaleza de la voz cambió por completo y se volvió casi estridente. La voz se presentó como "Jimmy Young" de Glasgow, mi ciudad natal. Nunca en mi vida conocí a nadie con ese nombre. El tono de la voz era por momentos muy pulido, pero a veces adoptaba un fuerte acento de Glasgow. Gradualmente se tornó más y más alta, casi burlándose y riéndose de mí, a tal punto que me enojé conmigo misma por haber caído en el engaño de creer que ésta podía ser la voz de mi conciencia. Comencé a convencerme de que se trataba de algún tipo extraordinario de onda de radio que algún maniático había logrado "sintonizarme".

Esta paciente se recuperó completamente; por desgracia, no sucede lo mismo con todos los pacientes.

No hay pruebas que justifiquen que la causa se debe a proceso orgánico alguno. La afección de alucinosis alcohólica no es un síntoma de abstinencia, ni se debe a una falta de vitaminas: está mucho más relacionada con la esquizofrenia y, de persistir, no se la puede distinguir de esta enfermedad excepto por la historia. Afortunadamente no es común.

EL SUICIDIO

Muchos alcohólicos se suicidan. La tasa de suicidio entre los hombres alcohólicos admitidos para tratamiento en un hospital psiquiátrico de Londres, por ejemplo, fue 86 veces mayor que la de hombres de la misma edad en la población general de Londres; la tasa de suicidio entre todos aquellos que fueron internados en un pabellón de observación fue 76 veces más alta.[3] Un estudio escandinavo de 220 hombres alcohólicos reveló que el siete por ciento se suicida durante un período de cinco años después de abandonar el hospital.[4] Es probable que los alcohólicos que se suicidan lo hagan tras la pérdida de su cónyuge o su trabajo. Todo médico responsable de alcohólicos o de personas que se envenenan deliberadamente o se provocan heridas sabe que los dos problemas aparecen en combinación. En Edimburgo, el 44% de todos los hombres hospitalizados en 1986 por intento de suicidio reveló un problema de bebida y el 15% de estos casos demostró síntomas de alcoholismo; el 20% de las mujeres internadas por la misma causa sufría de un problema de bebida.[5] En 1986, el 66% de los hombres internados y el 48% de las mujeres internadas consumieron alcohol antes de intentar suicidarse. Ya en 1900, aparecían informes que mostraban que las tasas de suicidio eran altas en las ocupaciones donde el alcoholismo era corriente. En diferentes países y en diferentes períodos se han establecido estrechos paralelos entre las fluctuaciones en la consumición de alcohol y la mortalidad masculina por suicidio.

Estos hallazgos son de extrema importancia. Indican tres cosas: en primer lugar, se debe tomar muy en serio hasta la menor indicación de intento de suicidio por parte de un alcohólico; en segundo lugar, se debe mantener una estrecha vigilancia sobre el alcohólico antes, durante y después del tratamiento, de modo que cualquier intención suicida pueda detectarse a tiempo para prevenir tragedias. Aun así, algunas serán inevitables, ya que el impulso suicida puede surgir muy repentinamente en asociación con la intoxicación. La impresión clínica es que si la dependencia se cura, el riesgo de suicidio se reduce considerablemente. En tercer lugar, se debería buscar una historia de alcoholismo en toda persona que toma una sobredosis en forma deliberada.

EL ALCOHOL Y EL EMBARAZO

Durante los últimos 20 años, y en particular en Estados Unidos, se ha demostrado preocupación por el riesgo que supone para el feto el hecho de que la madre beba durante el embarazo. Se ha descrito el "síndrome de alcohol fetal" en el cual hay distorsión de los huesos de la cara y a veces otras lesiones corporales, junto con una inteligencia reducida en el niño, que continúa también en la vida adulta.[6] Deben decirse dos cosas de inmediato: en primer lugar, este síndrome es en extremo infrecuente y, en segundo lugar, las madres de estos bebés han estado bebiendo cantidades muy considerables de alcohol. Hoy en día, los que primero habían hecho hincapié en la anormalidad de los huesos faciales aceptan que esto es excepcional y están más preocupados por el bajo peso del niño al nacer y por la posibilidad de una inteligencia disminuida. Debido a que muchas mujeres bebedoras también fuman mucho, tienen otras incapacidades sociales y pueden descuidarse y omitir el tratamiento prenatal, no ha sido fácil establecer el papel que tiene el alcohol mismo. Sin embargo, un estudio francés[7] de 9000 nacimientos que tuvo en cuenta el factor cigarrillo no mostró un solo caso de síndrome de alcohol fetal. Se presentaron otras anormalidades físicas no tan severas entre los hijos de grandes bebedoras o bebedoras moderadas casi en proporciones iguales. El escaso peso de nacimiento de los bebés de madres muy bebedoras fue algo menor que el de otros bebés. No se midió la inteligencia porque los bebés eran demasiado pequeños.

El cerebro fetal es en extremo vulnerable a factores que puedan inhibir su crecimiento alrededor de la decimoprimera semana de embarazo, cuando muchas madres no saben aún que están embarazadas. Por fortuna muchas mujeres embarazadas sienten, aun antes de enterarse de su estado, que no disfrutan de la bebida; les desagrada tanto el sabor como los efectos del alcohol.[8] Así la deseable reducción de la bebida ocurre en forma fortuita, sin ser adoptada por la madre por razones de salud. Desgraciadamente, las madres que persisten en la bebida tienden a ser grandes bebedoras que, a causa de la dependencia, no pueden detenerse. Es precisamente a estas madres a las que deberíamos esforzarnos en persuadir, pero es difícil que la exhortación logre buenos resultados sin ayuda antialcohólica.

¿Qué consejo podemos dar? Por supuesto, si una mujer embarazada no bebe, no puede haber riesgo de que el alcohol afecte al feto. Por otro lado, no hay pruebas convincentes de que la bebida social liviana ocasional durante el embarazo dañe al bebé y, por lo tanto, las futuras madres no deben sentirse atemorizadas o culpables. Las mujeres que son bebedoras continuas o bebedoras intermitentes deberían reducir la ingestión de alcohol por su propio bien y por el bien de su hijo. Para poner el asunto en perspectiva, fumar durante el embarazo ocasiona al niño un riesgo mayor. Si una mujer tiene dudas o está preocupada, debe consultar a su médico.

4
La organización social y la bebida

El estudio de diferentes culturas arroja luz sobre los hábitos de bebida en Occidente. Los antropólogos han encontrado con frecuencia que se pueden realizar deducciones a partir de culturas pre-industriales más fácilmente que a partir de las post-industriales, pero sus conclusiones son relevantes para sociedades más diferenciadas. El alcoholismo se extiende tan sólo cuando la sociedad fomenta la bebida. Cualesquiera que sean las dificultades psicológicas individuales, a menos que las circunstancias sociales sean favorables, las personas conseguirán enfrentarse a ellas en otra forma que no sea a través de la bebida excesiva. Esto deberá tenerse en cuenta cuando tratemos, en el próximo capítulo, del efecto sobre la personalidad. El terreno cultural, por así decirlo, debe ser apropiado para que las semillas del alcoholismo individual puedan germinar.

Las condiciones culturales favorables para promover el alcoholismo deben incluir, por supuesto, la posibilidad de conseguir provisiones. Pero esto por sí solo no es suficiente. Desde el punto de vista sociológico, todos pueden ser considerados alcohólicos potenciales; recurrir al alcohol es entonces para el individuo un método posible de aliviar tensiones.

En las culturas simples, cada persona tiene su lugar, con una importancia y una dignidad que el grupo reconoce. A medida que la diferenciación social aumenta en las culturas más avanzadas, se requieren más reglas. Aquellos individuos que se sienten presionados para cumplir con los requerimientos que se les imponen se perturban porque deben suprimir e inhibir algunos de sus impulsos para amoldarse a la sociedad.

De los requerimientos de la sociedad emergen reglas que refrenan la conducta individual. A medida que las reglas de una sociedad se vuelven más complejas y, especialmente cuando su imposición es severa y punitiva, los individuos deben limitar el grado en que pueden actuar de acuerdo con sus propios deseos. Las restricciones tienden a ser más rigurosas cuando se relacionan con la conducta agresiva y sexual. La amenaza de un castigo vengador provoca ansiedad en una persona cuando se despiertan impulsos sexuales u hostiles. Debido a que éstos son impulsos vigorosos, se establece un fuerte conflicto en el individuo. El recurso del alcohol puede usarse, si la sociedad lo permite, para facilitar la liberación de esos impulsos proscritos o para ayudar al bebedor a evadir situaciones que lo provoquen.

Ese es un uso del alcohol que se adopta para afrontar tensiones que ha impuesto la sociedad. Por otro lado, en las culturas muy simples la bebida consolida la unión grupal y el alcoholismo no es frecuente. Las emociones que despierta el alcohol se comparten en el grupo y se intensifican a través del canto y el ritual. La embriaguez es también una conducta compartida. Toma la forma de jaranas periódicas que permiten al individuo experimentar y expresar sus estrechos lazos con el otro. En tales sociedades, la ansiedad y el miedo son importantes no sólo como experiencias individuales sino también como experiencia de grupo. Horton,[9] un antropólogo, registró que la frecuencia con que se presenta la embriaguez en tales sociedades está determinada por el grado de ansiedad y miedo experimentados por el grupo. En un estudio de 118 culturas de Africa, Asia y América logró relacionar la embriaguez con dos índices de ansiedad social: primero, la inseguridad acerca de la provisión de alimentos y, segundo, las tensiones de la asimilación cultural a través del contacto con la civilización occidental, que debilitó las estructuras sociales y los lazos de parentesco. Cuanto más operaban estos factores, más embriaguez había.

La combinación de los miedos grupales y de los impulsos individuales reprimidos se vuelve demasiado fuerte. Algo debe ceder. Estas sociedades han desarrollado una estructura adaptable diseñada para aflojar sus restricciones de vez en cuando. Se llevan a cabo festividades populares durante las cuales se produce la embriaguez grupal. La conducta sexual y agresiva no recibe censura en tales ocasiones y se permiten la exposición, los movimientos sugestivos del cuerpo, el intercambio sexual, las discusiones y las riñas. Fuera de estas orgías, la embriaguez es rara y no existe el alcoholismo.

Cuando la organización se vuelve todavía más diferenciada, como en la sociedad europea moderna, ya no se toleran conductas de este tipo, incluso en las raras ocasiones en que todavía se permite la bebida social. En esos días públicos de celebración, la embriaguez se disculpa más que en otras ocasiones pero los excesos de conducta sexual y agresiva no se perdonan. El bebedor excesivo en las sociedades occidentales bebe en contra de su sociedad. La bebida excesiva se transforma casi en un gesto rebelde. La escena está lista y las condiciones son adecuadas para que algunos se vuelvan alcohólicos. En las diferentes naciones occidentales, la sociedad se ha organizado en diversas formas, y de país a país varían los esquemas tanto de bebida como de bebida excesiva. El clima y la geografía, la economía y las costumbres locales, todo influye sobre los esquemas nacionales de bebida.

En Francia, muchas personas obtienen todos o parte de sus ingresos a través de la producción y venta de bebidas alcohólicas. Estas personas dependen total o parcialmente de las industrias del vino y los licores para subsistir. En un sentido bastante literal, viven del alcohol. Es comprensible, entonces, que cuatro quintas partes del pueblo francés crea que el alcohol es "bueno para la salud". En efecto, en una encuesta realizada treinta años atrás, una cuarta parte de los encuestados sostuvo que era indispensable. Los franceses beben regularmente grandes cantidades de alcohol sin considerar que están bebiendo en exceso o haciendo mal uso del alcohol. Aquellos a los que se preguntó cuánto vino podía tomar un trabajador por día "sin inconvenientes" dieron respuestas que promediaban los dos litros. La gente encuestada consideraba correcta la consumición de grandes cantidades de alcohol. Los bebedores franceses consumen vino en forma continua durante todo el día; estos bebedores empedernidos tienen constantemente una alta concentración de alcohol en sus cuerpos. Están envenenados crónicamente, aunque rara vez muestran una conducta muy desequilibrada. Su bebida se transforma en un problema tanto por las consecuencias físicas insidiosas como por las consecuencias psicológicas y de conducta. De hecho, los psiquiatras franceses solían no ponerse de acuerdo en cuanto a si el alcohol debería considerarse un problema psiquiátrico o no. Hoy en día, sin embargo, están convencidos (no así todos los médicos franceses) de que lo es.

También Italia obtiene considerable aporte económico de la producción de alcohol. Tiene más tierra arable destinada a la vitivinicultura que Francia. No sólo la tasa de alcoholismo es alta en Italia, sino que la tasa de muerte por cirrosis es una de las más altas del mundo. Es interesante notar, sin embargo, que hoy en día son los trabajadores industriales, especialmente los solteros o separados, los que conforman la mayoría de los alcohólicos.

En Gran Bretaña y Norteamérica, los hábitos de bebida adoptan otro patrón. No es continua a lo largo del día, ni se consume alcohol principalmente con las comidas como una actividad familiar compartida. Más aún, se bebe una cantidad muy alta de licor. La cerveza y los licores son las bebidas que prevalecen, a diferencia del vino de los países continentales. Además se bebe rápidamente cuando se termina el trabajo o bien después de la cena para producir un incremento súbito del nivel del alcohol en el cuerpo. Esta forma de beber lleva a la embriaguez, que es el sello de la bebida excesiva en Gran Bretaña y Estados Unidos. Mientras que la cerveza continúa siendo la bebida dominante en el Reino Unido —suma más de la mitad de las ventas de alcohol—, la consumición de vino ha aumentado enormemente al igual que la de los licores.

La importancia de la religión en relación con la bebida ha sido muy estudiada debido a la baja tasa de alcoholismo entre judíos, musulmanes y mormones. (Se producen tasas más altas en países donde predominan los católicos romanos, como ya hemos observado.) Los mormones expulsan a un miembro si bebe, de modo que es interesante notar que es común entre los estudiantes universitarios mormones llegar a la intoxicación por la bebida con resultados socialmente nocivos. Su bebida excesiva expresa una rebelión contra ciertas tendencias culturales, en particular presiones religiosas. Los metodistas son educados en una conciencia constante de las consecuencias sociales de la abstinencia. Sin embargo, durante sus días de estudiantes tienen más problemas alcohólicos que los judíos o los episcopalistas. Se descubrió que aquellos estudiantes que bebían, generalmente lo ocultaban de sus padres.[10] Sin embargo, este estudio clave ha sido analizado recientemente por Makella,[11] que tomó igualmente en cuenta a todos los sujetos, aun a aquellos que no consumían alcohol (cuya importancia minimizó la investigación original). Al hacerlo surgió que las complicaciones sociales causadas por la bebida eran más comunes entre los episcopalistas que entre los metodistas. En realidad no se puede afirmar, a partir de los hallazgos de este estudio, que la aversión hacia el alcohol en la casa paterna durante la niñez aumente la posibilidad de la bebida anormal durante la vida adulta.

Los judíos tienen baja frecuencia de alcoholismo. Para explicar esto se sugiere que, como los judíos no tienen tabúes en contra del uso moderado de las bebidas alcohólicas, que en efecto tienen un papel integral en la actividad social y ceremonial, siempre han desaprobado firmemente la bebida excesiva. Como se permite y se aprueba el escape a través de la bebida social normal, los judíos que desean expresar sus conflictos personales no se vuelcan a la bebida excesiva.

Nuestra reseña de los hábitos de bebida permite hacer alguna generalización. Cuando una sociedad aprueba la bebida y tolera la embriaguez, así sea todo el tiempo o en ocasiones especiales, mucha gente beberá en exceso. No estarán haciendo nada prohibido, no estarán actuando en forma antisocial ni se sentirán culpables. En consecuencia, no será frecuente encontrar anormalidades psicológicas en los bebedores excesivos. No obstante, si la sociedad desaprueba la bebida, criticará especialmente a aquellos que beben en exceso. La población de bebedores excesivos consistirá entonces en dos grupos principales: los que buscan rebelarse contra el grupo social, y aquellos cuyas tensiones internas son tan grandes que necesitan obtener el alivio que brinda el alcohol sin importar la censura de la sociedad. Los bebedores excesivos en tales sociedades son juzgados por sus semejantes como moralmente débiles y autoindulgentes. Al ser productos de su sociedad, comparten ese juicio sobre sí mismos. Por ende, experimentan mucha culpa. La condena de la sociedad y su propio sentido de vergüenza se unen para ocasionar su aislamiento.

5
Los factores de la personalidad en los alcohólicos

La personalidad es compleja. Una parte de ella cambia día a día, con alteraciones en el humor y como respuesta a sucesos o personas; tales variaciones son evanescentes. Una parte más perdurable de la personalidad está constituida por creencias y actitudes que no pueden alterarse con tanta facilidad; éste es el lado de las personas que los demás describen al referirse a ellas y que conocen como a sí mismos. Esta parte más perdurable de la personalidad es capaz tan sólo de cambios lentos a medida que la persona asume nuevas responsabilidades o padece grandes experiencias emocionales. Una parte aún más profunda de la personalidad contiene los impulsos y las motivaciones que le dan su ímpetu al sí-mismo. Muchos psicólogos consideran que este núcleo es casi inmutable.

Para un observador, la personalidad de un individuo se manifiesta a través de su conducta; consiste en la totalidad de sus acciones y reacciones características. La anormalidad en la personalidad radica en un exceso o una falta de un número de atributos, tales como la agresividad, que son comunes a todos.

Las evaluaciones intuitivas de la personalidad que todos hacemos cuando describimos a alguien son muy distintas de las evaluaciones científicas. En la vida cotidiana nuestros sentimientos interfieren en nuestros juicios de la personalidad. Los psicólogos buscan eliminar este elemento subjetivo. Pueden lograrlo al aislar rasgos particulares de la personalidad, tales como la sociabilidad o la agresión, y medir el grado en que aparecen en distintas personas. O pueden considerar la personalidad total de las personas a las que estudian e intentar una clasificación sistemática de las mismas en estereotipos reconocidos.

Podemos estudiar la personalidad de los pacientes alcohólicos pero no podemos establecer hasta qué punto nuestros hallazgos son aplicables a todos los alcohólicos, ya que tan sólo una minoría es examinada por un psiquiatra o un psicólogo. No existe una personalidad alcohólica única. No obstante, los psiquiatras que tratan con alcohólicos reconocen tipos característicos que ocurren frecuentemente, tanto solos como en combinación, y son éstos los que describiremos a continuación.

LA PERSONALIDAD DEL ALCOHOLICO

Los efectos del alcohol ya han sido establecidos. El interrogante que surge es: ¿por qué razón bebe la gente si sabe cuál será el efecto?

Por un lado, como ya hemos visto, la gente bebe porque es costumbre. Se ha prestado mucha atención a otra razón para beber. Se centra en el hecho de que los reveses sociales y la falta de confianza en uno mismo pueden aliviarse a través de la bebida. Las personas que necesitan armarse de valor encuentran que, en efecto, la bebida los hace más valientes. Es necesario comprender los orígenes de la desvalorización de uno mismo en cierta gente para poder entender por qué algunos recurren al alcohol como medio para obtener, si bien temporalmente, confianza y seguridad. Una persona temerosa de resultar débil e ineficiente al recibir invitados, un trabajador que teme a su patrón, alguien que teme no responder adecuadamente en una relación sexual y cualquier persona insegura que está consternada antes de una aparición en público: todos ellos descubren que la bebida puede calmar los terrores, conferir calma y disipar el temor. Por desgracia, a medida que pasa el tiempo, se necesita una cantidad mayor

54

de alcohol —que aumenta progresivamente hasta un nivel que puede desorganizar la personalidad— para reducir la timidez, la insuficiencia, la falta de confianza y un sentimiento de inferioridad.

Estos son terrores sociales. Es necesario explicar también por qué algunas personas beben cuando están solas. La bebida puede cambiar el estado interior de una persona. El alcohol es psicotrópico. Produce una sensación de placer, tranquilidad o incluso exaltación. "Puedo tocar el cielo", explicó un hombre. A los alcohólicos en tratamiento a veces se les pide que pinten y con bastante frecuencia la imagen que resulta es la de un barco, en ocasiones con la leyenda: "navegando". Una persona puede llegar regularmente a la euforia simplemente a través de la bebida; una sesión de bebida (a menudo sin las demandas de asociarse con otras personas) puede otorgar hedonismo químico, satisfacción casi sin esfuerzo. El deseo de obtener este estado interior es a menudo la razón para beber.

En líneas generales podemos afirmar que es posible distinguir dos clases de personalidad propensas a la bebida excesiva. La gente de la primera clase tiene poca autoestima, se tiene poca confianza y puede estar disgustada consigo misma. A menudo estas personas fueron privadas de afecto en la niñez, a veces francamente descuidadas o incluso maltratadas. Las mujeres suelen describir madres frías y poco afectuosas que siempre esperaban lo peor de ellas o padrastros que nunca les tuvieron afecto; los hombres pueden haber sido agredidos físicamente por sus padres o se los pudo haber hecho sentir malvados o depravados cuando eran niños. El "autocastigo" es una característica de tales alcohólicos, aparentemente muy anterior al comienzo del alcoholismo: para ellos el alcohol es un descanso del constante sentimiento de insuficiencia e inferioridad y de un continuo autorreproche.

Por el contrario, un segundo tipo muy diferente de personas está bastante libre de esa aversión de sí mismo y no le preocupan las relaciones personales: tal es el individuo indulgente consigo mismo, a menudo consentido en la infancia por padres excesivamente cariñosos o ansiosos. El único varón, tal vez menor que sus hermanas; el pequeño al que todo se hacía y casi nada se pedía, el ser protegido que nunca tuvo que valerse por sí mismo. Esa gente puede encontrar que las duras realidades del trabajo, las relaciones personales y el matrimonio se agregan a un sombrío panorama de obligaciones y responsabilidades. Esto puede ser sobrellevado más o menos efectivamente, pero también pueden descubrir que la bebida les confiere períodos de vacaciones mentales. Más aún, bajo la influencia del alcohol en el grado apropiado, las fantasías y las ilusiones alegres, tal vez excitantes, pueden convocarse para transformar la vida mundana.

Durante el tratamiento, esos alcohólicos hedonistas aficionados a buscar la euforia a través de la bebida parecen sobreponerse mejor que aquellos alcohólicos autopunitivos que sólo se relajan cuando beben. Dejando esto a un lado, estos dos tipos de alcohólico indican cómo puede variar la organización de la personalidad antes del alcoholismo: algunos descubren que el alcohol los ayuda a reducir la incomodidad personal, mientras que otros llegan a depender del alcohol para alcanzar un deseado estado mental de exaltada satisfacción.

Problemas relacionados con la personalidad

Una visión de la personalidad nos muestra que existen sistemas separados en el sí-mismo, a distintos niveles de conciencia. Hay partes del sí-mismo que no son accesibles; estas partes no reconocidas pueden resultar totalmente repugnantes para el sí-mismo consciente y, por esta razón, a veces se las denomina "ego-extrañas". El desorden en la personalidad que lleva a la persona a la dependencia mórbida de una droga, a menudo no es evidente para ella. Sin duda, a la gente no le interesa, o no puede, reconocer estas partes de sí mismos porque son las partes envilecidas, encolerizadas, resentidas o desafiantes que se suprimen porque le resultan odiosas a la persona.

Cuando los alcohólicos superan la dependencia y dejan de beber, los efectos nocivos de la intoxicación prolongada se revertirán, pero todavía pueden sufrir los efectos de las dificultades asociadas de la personalidad. Estos se manifestarán especialmente como dificultades en las relaciones con las demás personas.

DESORDENES DE LA PERSONALIDAD

Evaluamos la personalidad observando cómo se comporta una persona y de qué manera responde a los distintos sucesos que ocurren en su vida. En términos clínicos la personalidad se diagnostica a través del estudio de los rasgos de una persona (dependencia y pasividad, niveles de hostilidad, grados de pesimismo, etc.) y estudiando las relaciones de la persona con la gente que es importante en su vida. Si éstas son razonablemente sostenidas, coherentes y emocionalmente gratificantes, juzgamos que la personalidad es normal. La personalidad se diagnostica como anormal cuando las relaciones con los demás son desequilibradas. Pueden ser demasiado dependientes y apegados, inusualmente agresivos y dominantes o demasiado indiferentes a la gente e incapaces de relacionarse con calidez y sensibilidad ordinarias.

La personalidad puede estar desequilibrada en distintos grados. Los desórdenes leves pueden no ser evidentes para los demás y sólo aparecen cuando la persona misma revela que tiene problemas sociales.

La forma más severa de desorden de la personalidad se conoce como sociopatía (o psicopatía). Los sociópatas no pueden ajustarse a las reglas o expectativas de su grupo social. Viven el día y no hacen planes para el futuro. No experimentan sentimientos ordinarios y son incapaces de establecer relaciones cálidas, de ahí el término "desafectivo". Es común que los sociópatas antisociales no sientan culpa mientras perpetran sus perversidades o delitos ni tengan remordimientos después. Los sociópatas agresivos causan graves daños a los demás y pueden ser violentos: la frialdad y dureza de esa gente es a menudo extrema. Los sociópatas pasivos a veces se convierten en vagabundos o personas sin rumbo si carecen de un círculo familiar tolerante que los cobije a pesar de su ineptitud para valerse por sí mismos. No se necesita experiencia clínica para reconocer la sociopatía: estas personas destructivas o indiferentes son bien conocidas en sus círculos sociales y vecindarios.

La personalidad y el alcoholismo

Dos cuestiones separadas requieren nuestra consideración: los atributos psicológicos del alcohólico que contribuyen a causar el alcoholismo y los efectos que la bebida continua y prolongada ejerce sobre la personalidad. Los rasgos y peculiaridades que a veces se consideran característicos de los alcohólicos pueden ser en realidad el resultado de la bebida excesiva prolongada.

Hay un importante corolario para esto. Es desde luego muy posible, y de hecho probable, que un aspecto latente, encubierto, de la personalidad, parte de la "mente inconsciente", sea una causa parcial de la bebida excesiva y sólo se haga evidente como conducta observada real cuando el alcohólico está bebiendo. La conducta homosexual o la actividad criminal son un ejemplo. Por esta razón, tras explorar los rasgos de la personalidad que preceden al alcoholismo, vamos a prestar atención a las peculiaridades de la personalidad asociadas con los alcohólicos.

Casi todas las personas beben pequeñas cantidades de alcohol cuando se relacionan socialmente con los demás en bares, fiestas y en sus casas. El alcohol ciertamente reduce las inhibiciones y así alivia la tensión social. El alcohol hace que las personas sean menos tímidas y, con igual utilidad social, las exalta un poco.

Los estudios que se han llevado a cabo sobre el efecto de la bebida en las personas han demostrado que el alcohol aumenta el sentimiento de poder de la persona. Otro hallazgo de la investigación psicológica es que los sentimientos de querer ser cuidados y de saciar las necesidades de dependencia están en la base de la satisfacción que deriva de beber alcohol. Así, algunos investigadores consideran a los alcohólicos dependientes de los otros, esclavos del lazo emocional con sus madres, excesivamente egocéntricos e incapaces de estar satisfechos por sí solos.

Los alcohólicos también pueden ser indebidamente autoindulgentes. Cuando están desilusionados o privados de las satisfacciones que buscan, a menudo surge una intensa ira, por la que se sienten culpables, se reprochan y hasta se castigan. Este ciclo reiterado de sentimientos complicados puede recibir la influencia del alcohol, que aumenta el sentimiento de autoestima: el alcohol produce un sentimiento de satisfacción y también reduce la ira y el deseo de venganza, un alivio que es bien recibido ya que el sentimiento de ira es subjetivamente doloroso. Más aún, la bebida puede ser un castigo para aquellos que están más cerca del alcohólico y que él ve como negligentes o poco solícitos y comprensivos.

Por lo general, entonces, una personalidad alcohólica así estará señalada por rasgos de pasividad. Una persona básicamente dependiente puede volverse realmente pasiva cuando bebe, sin reconocer o confesar esta caída en la inactividad e irresponsabilidad. Pero esta irresponsabilidad se ve complicada por el otro aspecto del alcoholismo, que los alcohólicos no se atreven a revelar, su pasividad en la vida social ordinaria y en el trabajo.

LA INDEPENDENCIA DEL ALCOHOLICO

En consecuencia, la pasividad básica que hemos descrito está enmascarada por un vigor determinado y exagerado que no es del todo convincente y por una firmeza superficial y una independencia aparente. Algunos hombres se ven claramente perturbados por un conflicto entre la necesidad de ser flagrantemente masculinos por un lado y un deseo más oculto de "gratificación pasiva" por el otro. Bajo la influencia del alcohol, el alcohólico aspira parecer confiado, seguro y agresivo. Más aún, uno de los efectos del alcohol es permitir realmente al alcohólico una conducta agresiva sin tener que reconocer después, al ponerse sobrio, lo hostil que ha sido y así evitar sufrir un desalentador recuerdo en una agonía de culpa y contrición.

Los lazos familiares de los futuros alcohólicos son de gran importancia e interés. Este es un trasfondo familiar muy común de encontrar: un niño con un estrecho lazo emocional con una madre fuerte pero con un padre débil que, en consecuencia, se identifica psicológicamente con su madre pero no con su padre. Aprueba y adopta los designios de su madre para él y repudia o desprecia la influencia que su padre, aunque débilmente, pueda ejercer. En consecuencia, es posible que nuestro futuro alcohólico tenga una personalidad social que es creación de su madre y que desarrolle un sentimiento básico de debilidad. Posteriormente, puede sobrecorregir su temprana identificación femenina por medio de muestras de alarde masculino. Una sociabilidad decidida, algo indiscriminada, es un medio de decirle al mundo que uno no es débil y, a la vez, de pertenecer socialmente a un grupo social que puede persuadir al alcohólico de que sirve para algo. Un hombre así puede casarse con una mujer de carácter fuerte para recrear una influencia similar a la que recibió de su madre y también con la esperanza, quizás inconsciente, de ser sostenido por una esposa competente y efectiva. Cuando está dominado en su matrimonio, el alcohólico puede reprimir la ira de estar colocado en una posición de sumisión, reflejo de su anterior dependencia de su madre, a través de la bebida.

Los alcohólicos, por supuesto, a menudo no comprenden estas explicaciones pero resultan útiles para entrenar a los asistentes porque otorgan una comprensión de cómo pudo haberse desarrollado la carrera alcohólica de una persona. También guiarán el curso de la indagación necesaria para revelar las influencias formativas durante la juventud y los pensamientos privados del alcohólico.

Hemos repasado qué es la personalidad: conjunto de rasgos

o características de una persona. Muchos investigadores llegaron a la conclusión de que las necesidades y deseos de dependencia deben considerarse los atributos psicológicos más importantes de los alcohólicos, sin importar lo bien disfrazados que estén. Esta perspectiva orienta al consejero encargado, en su conducta hacia el alcohólico. Por lo general, la personalidad del alcohólico gira alrededor del deseo de ser dependiente y las concesiones que debe hacer para manejar los conflictos que provoca rendirse a ese anhelo. Temen que la expresión abierta de su dependencia les hará perder el autorrespeto y, en un hombre, la masculinidad. En una mujer alcohólica, una serie de sucesos infantiles similares puede hacer que se reconozca débil en su adopción de una postura femenina culturalmente aceptable. Sin duda, algunos alcohólicos son pasivos, seres evidentemente sumisos y dóciles que confían en los demás, pero muchos alcohólicos luchan por disipar toda prueba de su dependencia de otras personas. Por desgracia, los alcohólicos en general no logran un equilibrio y la mayoría oscila entre sus anhelos interiores de ser dependientes y un alarde exterior destinado a dar una imagen de independencia.

Los alcohólicos son, con frecuencia, personas hostiles, sea que lo demuestren o no, y los impulsos agresivos, así como las necesidades de dependencia asoman a la superficie. Este es un aspecto terrible del alcoholismo. Las personas mansas se transforman y a menudo se enfurecen cuando están ebrias. Los alcohólicos pueden recurrir a la violencia con resultados desastrosos o pueden dirigir la ira hacia ellos mismos y deprimirse. Los alcohólicos pueden aborrecerse y describirse en términos de extremo desdén y total falta de méritos. La ira (y la depresión, su contraparte cuando está dirigida en su contra) es muy perturbadora en los alcohólicos, como lo es para las demás personas, y el alcohólico se aferra al engaño mental para protegerse a sí mismo. Esta actitud se conoce bajo el término técnico de *negación*, es decir, el rechazo a reconocer un hecho evidente de su parte. Las críticas acerca de su cometido en el trabajo, por ejemplo, no serán reconocidas como

61

un deterioro de su habilidad causado por la bebida y las resacas sino que, a través de la racionalización, lo atribuirán a nociones tan autorredentoras como la malicia de un colega. Esto representa la etapa del cambio paranoide que describimos en el capítulo 8. Los juicios adversos son aún más intolerables debido a la sobrevaloración autoconservativa que a menudo se observa en los alcohólicos y que puede llegar hasta la exaltación de sí mismos. Esa aparente superioridad a menudo esconde un notable sentimiento de inferioridad y un paralizante temor de ser despreciado y excluido.

La forma de las relaciones de los alcohólicos con los demás y su sociabilidad general han sido caracterizadas como egoístas, a corto plazo, exhibicionistas y desmedidas en lugar de estar dirigidas hacia relaciones sociales a largo plazo en las que se perciben y se cumplen obligaciones. Esto no hace justicia a otras cualidades que a menudo se observan en los alcohólicos. Pueden ser sensibles, emocionales, comprensivos y generosos, personas sociables que gozan de la compañía de los demás, aunque con frecuencia la sinceridad de sus lazos emocionales con los demás aparece trivializada por su jovialidad, particularmente mientras beben. Los investigadores han identificado a algunos alcohólicos como "esquizoides": esas personas se caracterizan, por un lado, por su participación en relaciones interpersonales superficiales, incoherentes y egoístas y, por el otro, por estar básicamente aislados y envueltos en sus propias inquietudes y preocupaciones.

La bebida lo lleva a actuar en forma impulsiva e irresponsable, lo que contribuye a aumentar la vulnerabilidad social y personal del alcohólico. La indignación excesiva, las excusas sensibleras para explicar obligaciones incumplidas y las súplicas congraciadoras para obtener consideraciones especiales son enervantes aun para aquellos que desean brindar apoyo y estímulo. Debido a que hasta los allegados más íntimos se alejan, desilusionados, confundidos o disgustados, la bebida más fuerte se transforma trágicamente en el único medio confiable para contrarrestar los terrores del rechazo y el aislamiento.

Para los alcohólicos, todos los días pueden estar llenos de fracasos. Tal vez se deba a que beben particularmente en los momentos en que recae sobre ellos alguna obligación, con el resultado de que deterioran sus habilidades y no logran cumplir las expectativas. La vergüenza y la desilusión del fracaso en el rendimiento pueden reducirse bebiendo aún más. El único revés es que el rendimiento se sigue deteriorando. En un encuentro cara a cara, por teléfono, o incluso en una comunicación escrita, las percepciones y reacciones dañadas del alcohólico son evidentes para él aunque esperan que la pérdida de la agilidad mental, el habla un poco balbuciente e incluso el olor a alcohol no se noten. Por el contrario, algunos alcohólicos se mantienen sobrios para alguna obligación o desafío especial, cuando están socialmente visibles, y beben con alivio una vez terminada la tarea. Los alcohólicos son vulnerables en dos formas. En primer lugar, tienen instintos e impulsos personales, a veces enmascarados, que les imponen claramente tensiones y cargas. En segundo lugar, se debe prestar igual atención a sus problemas en relación con los demás y sus relaciones tirantes, a veces con el sexo opuesto, que dan origen a la urgencia de beber.

Esta consideración del desarrollo de la personalidad y las formas particulares que dicho desarrollo toma en los alcohólicos nos permite ahora mirar en detalle los tipos de personalidad que encontramos en los pacientes alcohólicos. Nos concentraremos en especial en los tipos observados entre los alcohólicos que aún no han alcanzado la etapa del deterioro mental, ya que eso distorsiona la personalidad.

Sin embargo, antes de embarcarnos en las descripciones debemos observar que muchos alcohólicos no se ajustan exactamente a ninguno de estos tipos y, del mismo modo, muchas personas que han desarrollado la personalidad en una forma diferente de la que hemos esbozado pueden volverse alcohólicas. No obstante, del mismo modo en que ya hemos descrito los rasgos predominantes del desarrollo, retrataremos ahora las personalidades más comunes entre los alcohólicos. Cualquiera que esté en contacto con muchos alcohólicos sin duda encontrará a menudo cada una de estas tipologías.

LOS PATRONES DE LA PERSONALIDAD
EN LOS ALCOHOLICOS ESTABLECIDOS

La personalidad inmadura

Algunas personas no alcanzan el nivel de desarrollo emocional apropiado para la adultez. El desarrollo interrumpido de un aspecto de la personalidad en cualquier etapa provoca la inmadurez de la personalidad. Algunos adultos, por ejemplo, no pueden separarse de la casa de sus padres. Otros son extremadamente egoístas, incapaces de sentir ternura hacia otro; esa gente no puede formar una relación íntima y estable con otra persona. Hay otros que experimentan una necesidad infantil de aprobación y admiración. Otros parecen prometer mucho en la escuela pero luego no logran concretar lo que se había esperado de ellos y lo que ellos mismos esperaban. Esas personas están preocupadas por nostálgicos recuerdos privados de lo que podrían haber sido y se jactan de las pocas cosas que lograron consumar. Es característico de todas estas personas inmaduras que a pesar de sus claros valores lleven una existencia improductiva.

Ya hemos descrito la relación indebidamente estrecha que muchos alcohólicos han tenido con sus madres. Una paciente se emborrachó y de pronto estalló: "Hay un cielo y volveremos a estar juntas, madre... ¡Oh, cómo deseo morir!". Estos lazos tan intensos y persistentes con la madre son más característicos de los hombres alcohólicos y pueden perdurar aun cuando el alcoholismo está en remisión. Un hombre de cuarenta y siete años, muy cooperativo en el tratamiento, dijo muy apenado que tenía que confesar que había estado engañando a los médicos durante semanas; aunque no estaba seguro de estar haciendo lo correcto quería corregir la infor-

64

mación que había dado, en especial el hecho de que su madre había muerto de cáncer. En realidad había muerto a causa de la bebida. Esa era la primera vez que se había atrevido a revelar el "desliz" de su madre; ni siquiera se lo había dicho a su esposa.

Creí que no era justo para su memoria. Pero tras larga meditación y a medida que pasaban los días, pensé que debía decir la verdad. Sinceramente les pido disculpas pero no pude evitarlo. Yo tenía diez hermanos mayores y uno más pequeño. Yo no era nadie, pero encontraba gran satisfacción al hacer pequeñas cosas para mi madre. Cuando todos los niños se habían ido a dormir, ella se sentaba al lado del hogar y yo me levantaba de la cama y le cepillaba y peinaba sus hermosos cabellos negros durante una hora. Debía de haber algo sedante en esto porque ella pensaba que la hacía dormir mejor.

Ninguna otra relación que había experimentado en su vida había sido tan intensa.

El lazo con la madre puede ser todavía más extremo, una pasión capaz de absorber tanto al hijo que su vida se distorsiona por completo a causa de la dependencia prolongada. Un hombre que había tomado algunas copas antes de su sesión de tratamiento grupal y que por eso estaba menos contenido que de costumbre les dijo a sus compañeros alcohólicos que todas las mañanas iba a tomar una taza de café con su madre antes de ir a trabajar. Luego exclamó que odiaba a su padre. Cuando tenía cinco años había visto a su padre abofetear a su madre. Eso le había arruinado la vida. Había ido "dando tumbos" hasta un campo cercano jurándose que nunca perdonaría a su padre. Y nunca lo había hecho. Por eso bebía: se emborrachaba y luego iba a la casa de sus padres con el propósito de provocar a su padre con su estado de intoxicación. Lo gratificaba hacer que su padre se apenara y se enfadara. Preguntó: "¿Se preguntan por qué no me he casado?". Los otros miembros trataron de cambiar de tema pero él se negó. Dijo: "Cuando era un niño, en el momento de la bofetada, juré que esperaría a que muriera mi padre y entonces yo mismo cuidaría de ella". Los otros se quedaron sorprendidos, pero repitió que nunca se casaría; en cambio se consagraría a su madre.

Los adultos que tienen concentradas sus energías en relaciones obsoletas son sólo parcialmente susceptibles a la influencia de las experiencias actuales. Son propensos a vivir en el presente un mito familiar que concibieron en la infancia. Como el mito es personal y secreto, los sucesos reales no pueden influirlo ni corregirlo. Los adultos que se aferran, siguiendo una lógica interna y privada, a una relación maternal o paternal obsoleta, a menudo mantenida en la fantasía mucho después de que su madre o padre ha muerto, padecen graves limitaciones y son incapaces de cumplir los papeles que las experiencias de la adultez crean para ellos. Estas personas se vuelcan a la bebida porque sus fantasías irreales de una relación dorada con su padre o madre les proporciona un mundo tan satisfactorio y nutritivo que nada de lo que les ofrece el mundo real tiene el mismo valor.

Cuando las situaciones reales están en conflicto con sus fantasías beben para no darse cuenta. Escapan a un mundo donde la realidad no puede penetrar. Hemos descrito este recurrir a la bebida como si fuera consciente y deliberado, pero generalmente no es así. El mundo de la fantasía puede estar presente sólo como un vago estado de sentimiento. La bebida disminuye la tensión, ya que permite que predomine la fantasía sobre una realidad reprimida.

La personalidad autoindulgente

Los niños necesitan ayuda, protección y afecto mientras crecen, pero cada uno de éstos puede ser exagerado. Cuando los niños encuentran que las tareas que se han propuesto son muy difíciles, necesitan ayuda pero muchos padres se apresuran a ayudarlos antes de que los recursos y la imaginación del niño se hayan agotado. Los hijos de padres sobreprotectores, privados de la satisfacción del descubrimiento y el logro personal, obtienen satisfacciones alternativas al insistir en que se les haga todo como si todavía fuesen pequeños. No logran desarrollar la autoconfianza y no aprenden a confiar en sí mismos. Los niños necesitan protección de los peligros comunes, pero algunos padres los escudan de todo mal posible, de modo que no hay nada que les permitan hacer solos si los padres sospechan el menor riesgo. Quieren evitar todo tipo de malestar; por temor a que puedan resultar desdichados, no los dejan estar con otros niños de su edad. Como resultado, los niños temen separarse de sus padres y no aprenden las técnicas sociales necesarias para mezclarse con sus iguales, ser aceptados por éstos y disfrutar de su compañía. Serán socialmente torpes.

Esas personas son autoindulgentes en la vida adulta. Son incapaces de aceptar las frustraciones. Viven tan sólo para obtener gratificación fácil y continua. No pueden tolerar el dolor de ser contrariados. A menudo comen mucho, mastican chicles y fuman. Todas estas actividades han sido interpretadas como expresiones de una persistente necesidad infantil de encontrar satisfacciones semejantes a la succión. Al beber persiguen el mismo fin. Por cierto, hay alcohólicos que disfrutan activamente la sensación de beber. Aquellos que suponen que la dependencia del alcohol sólo causa sufrimiento están equivocados. Un periodista habló de "mi larga historia de amor con la bebida". Para estos alcohólicos, la bebida es una celebración. Son sibaritas que separan las partes placenteras de la realidad. Cuando beben bajan las luces, ponen música y en ocasiones se visten de gala. Son efusivos y jactanciosos: "Cuando bebo me transformo en un almirante". Luchan para alcanzar el superplacer. Sin embargo, la autoindulgencia los priva del control de sí mismos y se les hace cada vez más difícil regular la conducta. Los placeres derivados de la bebida son una gratificación sintética que los alcohólicos saben que no ganaron. Tal vez por eso a menudo se percibe un dejo de desilusión en su descripción: "Llego a la cima del mundo, pero por lo general no es lo que deseaba".

El alcohólico autoindulgente bebe entonces por dos razones. Reduce los malestares personales que surgen cada vez que sus deseos se frustran y encuentra una gratificación que está siempre disponible y que, por tanto, es confiable. De todos los alcohólicos, el autoindulgente es el que más probablemente entrará en el alcoholismo sin darse cuenta y se dedicará a beber como un sibarita.

La persona con problemas sexuales

Las personas que no están bien ajustadas sexualmente pueden clasificarse en tres categorías. Algunos tienen poco impulso sexual; es improbable que se vuelvan alcohólicos a menos que se casen con alguien que interprete su aparente indiferencia como un desaire personal. En ese caso, pueden volcarse a la bebida en un intento de aumentar el ardor o de escapar de las recriminaciones propias o de su cónyuge.

El segundo grupo de alcohólicos con problemas sexuales está integrado por aquellos cuyos impulsos sexuales, aunque dirigidos normalmente, no pueden realizarse porque temen todo trato con el sexo opuesto. Se sonrojan y se sienten incómodos en su presencia; les resulta difícil mantener una conversación casual y los acobarda la posibilidad de contacto físico y más aún la idea de una relación sexual. Algunos de estos individuos expresan nociones irreales acerca de la actividad sexual. En ocasiones confían al doctor que el sexo es censurable y que el acto sexual es sucio y produce enfermedades; a veces idealizan las relaciones sexuales sosteniendo que cualquier contacto físico mancilla su pureza. Otra racionalización común es que el acto sexual debilita físicamente. Todas éstas son estratagemas inconscientes que ocultan miedos más básicos de ser dañados en el acto o de resultar impotentes. La impotencia es común entre los alcohólicos, aunque algunos afirman que la superan por medio de la bebida. Ciertamente puede adelantar el comienzo de la bebida. Un ferroviario descubrió al tratar de mantener relaciones a los dieciséis años que no era capaz de tener una erección. Se comprometió a los veinticuatro años, pero no se casó porque tras meses de intentarlo seguía siendo impotente. Doce años más tarde, todavía soltero y ahora alcohólico, consideraba su masturbación de casi todas las noches un tipo de sedante.

La tercera categoría incluye a los desviados sexuales. Para ellos, el objeto de amor no es una persona del sexo opuesto (nos referimos principalmente a los homosexuales) o bien es una persona del sexo opuesto pero el acto sexual normal no les causa satisfacción sexual. Los sadistas, fetichistas y mirones pertenecen a esta categoría. Después de muchas entrevistas un alcohólico dijo:

Ah, no es una perversión real, no que yo sepa. Es sólo que tengo normas, una especie de "deber" sexual. No estoy satisfecho a menos que se cumplan. Son necesarias para poder tener una erección. Lo principal es la falda corta y los tacones altos. También que tenga poca cintura, contextura pequeña y que haga dieta, que use maquillaje, se delinee las cejas y tenga joyas; nada de ropa interior de lana y cosas por el estilo. También hay algo de sufrimiento. El zapato que es incómodo para caminar, demasiado ajustado. El hecho de que la persona tenga frío al no usar ropa interior abrigada. La imposición de una dieta, morirse de hambre para perder peso. No es que yo tenga una erección porque estos requisitos se cumplen, pero si no están presentes no estoy satisfecho. Le digo a mi esposa que use ropa interior de terileno, que cambie de maquillaje y que haga más dieta. Durante un tiempo usó zapatos número 36 cuando debería haber comprado 36 1/2. Ahora se niega a todo eso. Siente que se ha convertido en una esclava. Dice que sólo volverá conmigo si dejo los fetiches.

Los desviados sexuales se vuelcan al alcohol con la esperanza de que la bebida los ayudará a lograr una conducta normal satisfactoria o para aliviar la vergüenza que muchos sienten debido a sus prácticas perversas.

Los homosexuales son un caso especial. Siempre es posible encontrar un bar para homosexuales o un bar donde la bebida todavía es propiedad exclusiva de los hombres. El homosexual busca la compañía de bebedores para encontrar homosexuales entre ellos. De hecho, la compañía exclusivamente masculina y el factor desinhibidor del alcohol pueden ocasionar una conducta homosexual temporal (no necesariamente el acto sexual) en hombres que fuera de esas circunstancias son heterosexuales. Algunos hombres heterosexuales se han despertado a veces, tras una noche de bebida, y se han encontrado en la cama con otro hombre. Esas son personas con un componente homosexual de su personalidad que tal vez desconocen. Un hombre puede reprimir tan enérgicamente su lado homosexual que se vuelve demasiado denigrativo de los homosexuales. Un alcohólico gentil y amable cuyas inclinaciones homosexuales reprimidas habían sido evidentes para su psiquiatra por largo tiempo relató: "Encontré a dos griegos manteniendo relaciones homosexuales en el Ejército y logré que los arrestaran". Un joven calderero divorciado de tipo similar al anterior dijo: "Una vez casi maté a un maricón por intentar algo; destrocé su departamento". Los hombres así muchas veces confiesan, tras un número de sesiones psiquiátricas, que cuando están desinhibidos a través del alcohol responden a propuestas homosexuales. Otros sospechan su posición ambivalente a pesar de su expresión de disgusto por los homosexuales.

La personalidad autopunitiva

Es normal tener sentimientos agresivos cuando las condiciones lo justifican. En el seno de la familia se va entrenando gradualmente a los niños para que expresen sus reacciones de ira con una moderación que las haga socialmente aceptables. Si los padres alientan a sus hijos para que repriman de forma exagerada sus sentimientos hostiles cuando están creciendo, es probable que tengan miedo de expresar su ira en la vida adulta. Los productos exteriormente dóciles de tal educación, por más que posean dotes intelectuales y de personalidad como para progresar, pueden ser explotados por un colega más dominante en el trabajo o menospreciados por algún pariente o reprochados por su cónyuge sin poder responder con enojo manifiesto a las provocaciones. El hombre que tiene que reprimir la ira puede, tras un maltrato prolongado, llegar a protestar pero luego se castigará, sumido en la preocupación de que tras su acceso de agresividad podrá venir una venganza drástica. Por lo general, domina su agresividad e intenta aliviar el malestar resultante y el alcohol le sirve a tal propósito.

Lo adopta con frecuencia. La persona retraída que hemos descrito es agresiva al emborracharse; los impulsos hostiles, habitualmente escondidos en condiciones sociales normales, se liberan por el efecto desinhibidor del alcohol, pero ésa no es la razón por la que beben: lo hacen para aliviar la tensión interna. Antes de alcanzar esta paz hay una etapa en la bebida en la que los controles sociales disminuyen debido a que la intoxicación disipa la timidez y la cautela que normalmente limitan a la persona. La transformación puede ser asombrosa. En este estado calumnian, insultan, golpean y destruyen. Por lo general, se sienten horrorizados a la mañana siguiente cuando se encuentran con la desaprobación de su cónyuge y ven el daño que han causado.

Estos cuatro perfiles de personalidad serán reconocidos por todos aquellos que estén en contacto con alcohólicos ya sea en forma profesional o en una relación de compañerismo. Sin embargo, algunos alcohólicos no pertenecen a ninguno de estos tipos. Hay otras personas que beben en exceso si están agobiadas emocionalmente y no pueden resolver la situación por medio del pensamiento racional. Cuando una persona ve solamente un elemento en un conflicto, mientras que el otro elemento permanece fuera de su conocimiento, ningún esfuerzo de voluntad puede solucionar la dificultad. Este es el modelo del desarrollo de la neurosis, y si la persona no se vuelca a la bebida es que se ha hecho manifiesta una enfermedad neurótica acabada. En este sentido, puede considerarse que el alcoholismo protege de una enfermedad psicológica.

El director de una empresa bebía cada vez que le pedían que se expresara en público. Si tenía que hacer una propuesta en una reunión de directorio, si tenía que conversar con un extraño durante una cena, experimentaba ansiedad como un vago dolor de estómago: "Como el agua de la bañera corriendo" es como lo describió. "En las fiestas, me esfuerzo constantemente por encontrar una salida, pensar en algo, pero no puedo." En el trabajo, cuando se requiere que ejerza su autoridad y corrija a un empleado, se sofoca por la ira desproporcionada que teme expresar. "Es curioso lo que me pasa: echo chispas. Mi cabeza se agranda. Realmente creo que echo chispas. Siento que me voy a caer. Me angustia el hecho de que mi puesto me haga perseguir a la gente, mantenerlos a raya." Era muy estricto consigo mismo y sentía que no era correcto hacer cosas sólo por placer. Tan duramente se juzgaba que se ponía furioso si se quedaba dormido cinco minutos. Atribuía su alcoholismo a una voluntad débil.

Ese hombre estaba acosado por fantasías mórbidas inconscientes. En algunos casos la ansiedad surge a causa de hechos reales que abruman más de lo que es posible soportar. Un paciente que había sido piloto durante la guerra contó esta historia:

Le tenía horror al alcohol. No lo toqué hasta que comencé a volar. Entonces tres de mis amigos habían muerto en el lapso de tres días. La expectativa de vida para mí parecía ser de seis semanas, así que me decidí a probar con la bebida. Comencé tomando un par de whiskies por la noche. En ocho meses descubrí que podía beber whisky con la misma rapidez con que mis compañeros de escuadrón bebían cerveza. Tenía mucha capacidad. Durante mis años de servicio tomé un buen barril.

Bebía no sólo por miedo sino también porque pensaba que debía vivir tan plenamente como pudiera las pocas semanas de vida que le quedaban. Para él, el alcohol intensificaba el gozo de sobrevivir a cada misión de vuelo.

La gente que está bajo tensión utiliza el alcohol como medicina. No sirve como tónico ni como sedante sino más bien como calmante. Con su ayuda pueden, al menos en forma temporal, enfrentarse a sus dramas. Luego, cuando la tensión desaparece, pueden emborracharse, esta vez para relajarse y serenarse.

Las categorías de personalidades alcohólicas no se excluyen mutuamente. Muchos alcohólicos comparten características de más de un tipo. Más aún, no son los únicos tipos de personalidad que se observan en los bebedores excesivos;

ninguna personalidad es inmune al alcoholismo y cualquier persona que esté en contacto con este problema sabrá de alcohólicos que no se ajustan a estas descripciones. No obstante, son los tipos más comunes de encontrar y hemos tratado de indicar la función que el alcohol cumple para cada uno. En resumen, vemos que las satisfacciones psicológicas que derivan de la bebida son:

1) Reducción de la frustración con un aumento en la gratificación.
2) Logro temporal de una posición social más firme.
3) Liberación de la inhibición social de partes importantes de la personalidad que normalmente debían reprimirse a un alto costo para la autointegración del individuo.

No necesariamente todas las personas con estos tipos de personalidad se vuelven alcohólicas o siquiera beben en exceso. En realidad, sólo una minoría lo hace. La bebida es tan sólo uno de los recursos que pueden adoptar para llevarse bien consigo mismos o con los demás. Estos rasgos de personalidad son comunes y aunque poseerlos puede hacer que el individuo no viva una vida tan productiva como viviría si no los tuviera, no son incompatibles con una vida útil y ordenada.

Hemos descrito los tipos de personalidad que generalmente se encuentran entre los alcohólicos establecidos y la función que el alcohol cumple para cada uno. Los psiquiatras no pueden decir con certeza hasta qué punto estos tipos de personalidad son el producto y hasta qué punto la causa de la bebida. No se atreven a dar por sentado que las facetas de la personalidad que observan ya existían antes de que la bebida comenzara, ya que saben que el paciente resultó inevitablemente alterado por los efectos de la bebida, no sólo física sino también psicológicamente y en su relación con los demás. Ciertos estudios a largo plazo de individuos que se han convertido en alcohólicos han demostrado que el desorden psicológico es a menudo consecuencia de la intoxicación crónica.[12]

6
Las causas del alcoholismo

A lo largo de los siglos ha habido cuatro visiones que tuvieron preponderancia en distintos momentos para dar una explicación del alcoholismo, a saber: que es un rasgo hereditario (de mala semilla); que surge a causa de una depravación del temperamento; que ocurre cuando alguna persona que se enfrenta a tensiones demasiado difíciles de soportar busca una consejera útil (la botella); o que es simplemente el resultado de la cantidad de alcohol bebido. De estas teorías, la de la degeneración ya no se sostiene seriamente, aunque en la cultura popular persiste la visión del alcohólico como una persona degenerada. Los principios hereditarios se han comenzado a comprender en este siglo, de modo que ya no se examina la cruda noción del alcoholismo como degeneración heredada que se mantenía en el pasado. En cambio, se están examinando apropiadamente posibles rasgos hereditarios que discutiremos luego. La tercera teoría, de que la bebida es un dispositivo que la gente busca para ayudarse con sus problemas sociales, predominó hasta hace muy poco en los círculos médicos informales. Conduce al esbozo de una clásica tríada de causas que es familiar para todos los estudiantes de medicina: la del anfitrión, el ambiente y el agente. El alcohol es el agente. Una persona, el anfitrión, que se enfrenta a una situación de vida difícil de manejar adopta un medio que le facilite las cosas.

A veces el recurso de la bebida se adopta para poder superar y vencer el problema; otras veces se lo usa para poder evadirlo o huir de él. Los alcohólicos eligen uno u otro. A la larga se dan cuenta de que el recurso no funciona.

En breve volveremos a la cuarta teoría, de que el alcoholismo surge del alcohol mismo. Por el momento es preciso explorar en mayor detalle el modelo hombre-problema-recurso. Presenta dos ventajas para la comprensión del alcoholismo. En primer lugar, permite a los que trabajan con alcohólicos comprender lo que anda mal en algún paciente individual. En segundo lugar, como veremos, dirige la atención hacia las tres ramas del tratamiento:

Figura 1.

1) El tratamiento de la persona afectada ofreciéndole apoyo y a veces ayudándole a alterar y reforzar la personalidad a través de tratamiento psicológico o psicoterapia.

2) La reducción del problema social que afecta a la persona.

3) La eliminación del recurso, al separar al paciente del alcohol y superar la dependencia.

En la práctica, si se quieren obtener buenos resultados en el tratamiento de todos los alcohólicos, debe prestarse atención a cada una de estas tres cuestiones.

Aunque este modelo puede resultar útil, en un sentido importante no logra encuadrar y explicar la causalidad total del alcoholismo. A pesar de que funciona clínicamente, es útil sólo para explicar por qué el alcoholismo se desarrolla en un individuo particular. No ofrece una explicación de la amplia existencia del alcoholismo o de su ocurrencia en diferentes proporciones en distintos grupos de población, edad y sexo.

Después de todo, la gente tiene múltiples personalidades y la mayoría de nosotros en algún momento de nuestras vidas nos vemos acosados por problemas difíciles. La debilidad del modelo se apoya en el hecho de que si vemos a la bebida sólo como un recurso que la gente utiliza, en forma casi fortuita, para enfrentarse a sus problemas, estamos dejando de lado el papel fundamental del alcohol como causante del alcoholismo.

Y así volvemos a la cuarta teoría, cuyo punto central consiste en que no puede haber alcoholismo sin alcohol. Más aún, cuanto mayor es la cantidad de alcohol, mayor será el número de alcohólicos. Este es el nuevo rasgo del cual se han descubierto pruebas hace relativamente poco tiempo. Por supuesto que debe de parecer obvio. Cuanto más beba la gente, más alcohólicos habrá. Las implicaciones son significativas, ya que el corolario es que cuanto más bebamos usted y yo, más alcohólicos surgirán. Si los hechos son correctos, entonces los hábitos de bebida de cada uno de nosotros influyen en el grado de alcoholismo de nuestra comunidad.

Figura 2a. Distribución de la consumición de alcohol en una población

Planteado así tan severamente resulta mucho menos claro que exista una relación entre la cantidad total de alcohol que consume cualquier población y el número de alcohólicos que habrá. Contamos ahora con abundantes pruebas. En todos los países en que se ha estudiado este asunto, la cantidad de alcohol que se consume mantiene una estrecha relación con el número de alcohólicos. Cualquiera que sea el índice de daño alcohólico que deseemos considerar, físico, psicológico o social, ya sean muertes por enfermedad del hígado, internaciones en hospitales a causa de enfermedades físicas o en pabellones psiquiátricos a causa de enfermedades mentales, condenas por conducir en estado de ebriedad o arrestos de ebrios por delitos, las tasas aumentan cuando aumentan las ventas totales de bebidas alcohólicas. Podemos realizar la comparación entre países con tasas de consumición altas y bajas, o en un mismo país donde con el tiempo varían las tasas de consumición; la proporción siempre se mantiene. El alcohol en el modelo clínico puede ser sólo un recurso; cuando el epidemiólogo toma en consideración una población extensa, observa que es el alcohol el que causa el alcoholismo.

La distribución de la bebida en una población toma la forma que se muestra en la figura 2a.

Figura 2b. Distribución de la consumición total de alcohol en la misma población después de un aumento de la consumición general

Aquellos individuos que se encuentran a la derecha del gráfico, es decir, aquellos que beben una gran cantidad, digamos más de 15 g de alcohol absoluto por día, corren gran peligro de desarrollar alcoholismo. Si la población total bebe más, el gráfico cambia de forma, como en la figura 2b y aumenta el número de personas que corren el riesgo de desarrollar el alcoholismo.

Desafortunadamente debemos ir un paso más allá; decimos "desafortunadamente" porque se nos presenta a todos un dilema moral ineludible. Diversos factores determinan la cantidad de alcohol que beberá una sociedad dada. Puede haber proscripciones culturales, étnicas o religiosas tanto sobre la bebida como sobre la bebida excesiva, puede haber leyes que regulen los horarios de venta, el número de lugares de venta por habitante, la edad a la que se permite beber y la cantidad que puede importarse libre de impuestos. Todos estos factores tienen un efecto, en especial las leyes de licencias. De forma abrumadora, sin embargo, el factor que más influye sobre la consumición es el precio. Cuando la bebida se abarata, se vende y se bebe más; al aumentar el precio la consumición baja. Los datos indican lo estrecha que es la relación. ¿Entonces deberíamos discutir un aumento en el precio y tal vez también una reducción en la disponibilidad para reducir el número de alcohólicos? Volveremos a este tema cuando consideremos la prevención del alcoholismo. Mientras tanto, será necesario tratar de integrar, en el curso de este capítulo, este modelo epidemiológico con el modelo clínico antes descrito.

CAUSAS FISICAS

Antes de eso, debemos considerar algunas de las teorías que se han expuesto para explicar por qué una persona se vuelve alcohólica y otra no. Se ha postulado que existen diferencias físicas entre los individuos que son la causa de esto. Tal visión es muy consoladora para los alcohólicos, que, en consecuencia, no necesitan considerar su propia responsabilidad en el asunto. Esta posición es la que adopta Alcohólicos Anónimos, cuyos miembros creen que hay en juego un factor alérgico que causa, en los individuos afectados, el ansia del alcohol y la dependencia del mismo. Esta teoría nunca ha sido apoyada por los médicos porque no hay pruebas convincentes que la respalden. Cuando se administra alcohol a los alcohólicos, no muestran ninguna de las reacciones características, en los tejidos, fluidos corporales o en las células sanguíneas, que indiquen un fenómeno alérgico. Más aún, en experimentos de laboratorio donde se establecieron condiciones deliberadamente óptimas para la manifestación de respuestas alérgicas, ni los humanos ni los animales manifestaron tales respuestas.

También se han sugerido factores endocrinos (hormonales) pero tampoco se cuenta con pruebas que evidencien su papel causal.

Se considera acertadamente que los cambios en la estructura cerebral, que gracias a las modernas técnicas de exploración pueden ser probados en un gran número de alcohólicos de larga duración, son un resultado del alcoholismo más que su causa.

En algún momento se examinaron ampliamente los factores nutricionales. Una serie de teorías defendían que ciertos individuos carecían, en su dieta, de un factor específico (el factor N_1) necesario para el metabolismo. Se alegó que las ratas cuyas dietas carecían de dicho factor tomaban más alcohol que las otras ratas. El trabajo experimental posterior ha arrojado serias dudas acerca de las conclusiones que pueden sacarse a partir de tales observaciones.

Otra teoría es que los alcohólicos heredan una anormalidad enzimática que, al deteriorar el metabolismo de ciertas sustancias, aumenta la necesidad de las mismas y establece así un modelo metabólico con predisposición al alcoholismo. Aunque parte de la investigación que respalda esta teoría fue llevada a cabo en alcohólicos, no hay garantía de que algún desorden metabólico sea heredado o que de hecho precedió al alcoholismo. Esta última objeción se aplica a muchas teorías que dan por sentado que hay factores físicos que operan *antes* de que se desarrolle la bebida excesiva. No se ha probado que el ansia de alcohol o la dependencia del mismo ocurran antes de que la bebida tenga lugar; aun así muchas de las teorías se basan en esto.

Son más razonables aquellas teorías que dan por sentado que los cambios patológicos, bioquímicos o endocrinológicos son posteriores a la bebida fuerte, pero luego hacen que se descontrole. Es muy probable que el establecimiento de un daño cerebral actúe en esa forma. Del mismo modo, las incapacidades sociales que resultan de la bebida excesiva pueden influir en el aumento de la bebida y es lógico que cuando se desarrolla dependencia ésta debe conducir, a su vez, a un aumento en la bebida. En breve utilizaremos estos argumentos para producir una teoría acabada de causalidad.

La forma en que se hereda el alcoholismo es muy compleja. No hay duda de que el alcoholismo puede venir de familia. Los hijos de alcohólicos tienen mucha más incidencia en el alcoholismo que otros hombres de la misma edad. Pero eso no implica que el alcoholismo se hereda en forma biológica. Después de todo, los hijos de los ricos tienden a ser más ricos que los hijos de otros hombres. Existe una diferencia entre herencia familiar y herencia a través de los genes. No se tiene total certeza respecto a si una tendencia al alcohol se hereda genéticamente o, por ejemplo, por alguna otra forma de transmisión social. Algunos estudios han demostrado que los hijos de padres alcohólicos adoptados virtualmente al nacer por padres no-alcohólicos son más proclives al alcoholismo que los hijos de padres no-alcohólicos adoptados en condiciones similares. Por cierto, este dato sugiere una transmisión biológica. Por otra parte, los estudios sobre la incidencia del alcohol en gemelos idénticos de alcohólicos —comparados con no-idénticos— no han brindado respuestas claras y otro tanto sucede con los estudios de gemelos idénticos criados separados. Si hay una herencia genética del alcoholismo, ciertamente no sigue ninguna de las reglas de herencia simple, de modo que debe ser polígena en vez de seguir un patrón directo de herencia dominante o recesiva de un único gen. No sabemos mucho sobre la forma en que la personalidad se determina genéticamente, aunque sí sabemos lo suficiente como para estar seguros de que los factores culturales y del entorno no son los únicos determinantes. Por tanto es posible que la transmisión de una tendencia al alcoholismo esté ligada a la herencia de la personalidad, de por sí una cuestión compleja.

Algunos escritores han sugerido que cualquier transmisión genética del alcoholismo se produce a través de la conocida transmisión genética de la enfermedad depresiva que puede producir alcoholismo en algunas personas. De acuerdo con esta visión, es posible que el factor de depresión heredado sea suficiente para ser la causa de la herencia del alcoholismo.

Sin embargo, en nuestra opinión, mientras que es posible que exista alguna transmisión genética del alcoholismo, el aspecto no-genético familiar, de la bebida excesiva en la casa paterna, que produce un efecto en el niño por medio del ejemplo, es un factor mucho más potente. Los factores heredados en forma familiar, pero no genéticamente, pueden operar en forma paradójica. Si los padres desaprueban por completo la bebida, entonces un adolescente o un adulto joven rebeldes pueden volcarse a la bebida excesiva como forma de rebelión.

El estado actual del conocimiento no permite aseveración autorizada alguna concerniente al modo de herencia del alcoholismo (aunque por supuesto no impide que se realicen afirmaciones dogmáticas). No obstante, sabemos que los hijos de alcohólicos corren mayor riesgo de volverse alcohólicos, al igual que sabemos que las hijas de alcohólicos son más propensas a casarse con alcohólicos y para eso no existe explicación genética posible.

CAUSAS SOCIALES

Ya han sido mencionadas dos de las causas sociales y culturales del alcoholismo. La primera es la oportunidad: la disponibilidad de alcohol. Está ligada principalmente al precio pero también a la facilidad de acceso, es decir, al número de lugares donde puede comprarse. El número de estos lugares por habitante está aumentando con rapidez. El acceso también se facilita si se extienden las horas de venta permitida. La mayoría de los países del mundo no cuentan con leyes o regulaciones que limiten los horarios de venta de bebida. También está la cuestión de la edad a que los jóvenes pueden entrar en bares, etc., para comprar bebidas. La facilidad para adquirirlo es la madre de la oportunidad. Es este aspecto el que se considera la causa de la extensión relativamente alta del alcoholismo entre aquellos que trabajan en negocios de bebidas o espectáculos y entre los más adinerados.

El segundo factor es el ejemplo, donde no sólo influye la bebida de los padres sino también de aquellos que los jóvenes suelen tomar como modelo: sus compañeros y, tal vez más importante, deportistas, estrellas de rock, personalidades del cine y la televisión y los personajes que representan.

Un tercer factor es la incitación. La presión de la publicidad en la televisión, en los carteles y en la prensa escrita es implacable.

Las actitudes culturales hacia el alcoholismo y la bebida son también factores potentes. Nuestra sociedad en su conjunto no mira con desdén a la embriaguez ni considera que conducir mientras se está más allá del límite legal sea una cuestión particularmente horrenda ("¿Acaso no lo hemos hecho todos alguna vez?"). Nuestra sociedad tiende a considerar el alcoholismo una cuestión de hombres y mira con un toque de prejuicio a los hombres que no beben. La bebida entre las mujeres está aumentando. Es posible que esto refleje tan sólo el hecho de que las mujeres ganan cada vez más dinero, pero ¿no puede contener también un elemento de emulación? Para relacionar la visión epidemiológica con el modelo clínico a través de la explicación de las fuerzas que actúan sobre los individuos particulares, es necesario considerar cómo puede ser que una persona que se encuentra (tal vez por casualidad, pero no necesariamente) a la derecha de la curva de distribución de bebida en la población llegue a convertirse en alcohólico.

Figura 3a. Círculo vicioso de dependencia

Figura 3b. Círculo vicioso de daño físico

Para todas las otras condiciones médicas, la condición misma tiene una serie de causas reconocibles y una serie de consecuencias reconocibles. Para el alcoholismo, las causas y las consecuencias son la misma cosa. Aquellos rasgos que surgen como resultado de la bebida fuerte son los mismos rasgos que dan origen a esa bebida. De ese modo se establece un círculo vicioso o, mejor dicho, como veremos, cuatro círculos viciosos, aparentemente separados pero en realidad entrelazados.

Figura 3c. Círculo vicioso de problemas sociales

Figura 3d. Círculo vicioso psicológico

El más simple es el círculo vicioso de la dependencia. Si los bebedores excesivos, como resultado de la bebida, se vuelven más dependientes del alcohol, deberán entonces beber más y más y, a su vez el grado de bebida excesiva aumenta.

El próximo círculo vicioso es el daño físico. El bebedor excesivo comienza a ingerir una proporción muy alta de calorías diarias a través del alcohol. Es probable que esto conduzca al desarrollo de algún tipo de daño corporal. Una consecuencia es que el dependiente del alcohol se vuelve menos capaz, más indefenso y continúa bebiendo aún más a causa de una sensación de debilidad personal.

El tercero de estos círculos viciosos tiene que ver con los problemas sociales a los que deben enfrentarse los alcohólicos. A la gente no les agradan porque beben en exceso. Encuentran que el mundo es duro y, de hecho, comienza a rechazarlos, a despedirlos del trabajo, a excluirlos de invitaciones, etc. Para compensar esto beben aún más.

El círculo final es psicológico. Los alcohólicos excesivos se consideran a sí mismos parias. No son capaces de tratar con los demás con buenos resultados. Entonces beben para reforzar sus intentos por permanecer psicológicamente sanos, lo que a veces llamamos "valentía del ebrio", y, de ese modo, la bebida crece.

Por medio de estos modelos comenzamos a comprender por qué aquellos que empiezan a beber más que sus semejantes pueden llegar a intensificar la bebida.

Pero respecto de los círculos viciosos sociales y culturales puede ser al revés. Esto nos remite al modelo clínico ya expuesto. Los problemas sociales o la incapacidad para tratar con los demás, resultado de los déficit psicológicos, pueden haber causado la bebida excesiva en primer lugar pero, del mismo modo, el exceso de bebida pudo haber producido las dificultades y así sucesivamente. En consecuencia, los círculos viciosos comprenden tanto el modelo epidemiológico como el modelo clínico. Pero esto no es todo. Cada uno de estos círculos viciosos provocará un aumento de la bebida, pero si los ponemos todos juntos veremos con qué facilidad uno conduce al otro.

Una vez que los bebedores no pueden detenerse (el círculo de dependencia), inevitablemente ingieren una proporción más y más alta de calorías diarias en forma de alcohol, de modo que es probable que entren en el círculo del daño físico; al volverse menos capaces, la gente comienza a rechazarlos más (el círculo de los problemas sociales); una vez que están relegados, es aún más probable que se consideren parias y entren así en el círculo psicológico. Todo esto sucede porque las consecuencias de la bebida excesiva actúan también como la causa de una bebida aún mayor.

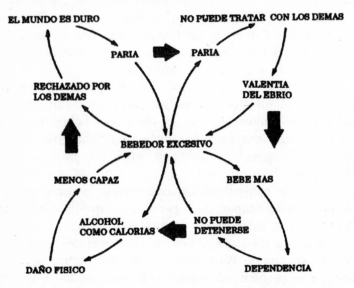

Figura 4. Los cuatro círculos viciosos del alcoholismo combinados

Cuando consideremos luego el tratamiento, veremos cómo cada uno de los dos modelos del alcoholismo muestran la forma de comprender los principios del tratamiento: tratar a la persona, los problemas y el recurso del alcohol que han elegido para ayudarse a afrontar esos problemas, para romper así los círculos viciosos en los que el alcohólico está atrapado.

7
Variedades del patrón de bebida

Los patrones de bebida de los alcohólicos pueden tomar formas muy variadas. En este capítulo discutiremos qué tipos de patrones reconocemos y la utilidad de distinguir entre uno y otro.

Algunos autores que investigan el alcoholismo, particularmente influidos por Alcohólicos Anónimos, tienden a concentrarse exclusivamente en un patrón de bebida (que describiremos bajo el nombre de alcohólico compulsivo) y a ignorar las muchas otras formas distintas que es posible encontrar. Tantos miembros de Alcohólicos Anónimos beben según este patrón que para ellos es el paradigma del alcoholismo. Como dice Jellinek:[13] "Alcohólicos Anónimos ha creado un cuadro del alcoholismo a su imagen y semejanza". Este enfoque tan estrecho es contraproducente. Hay muchas personas que deben ser clasificadas como alcohólicas y recibir tratamiento adecuado, pero que no beben en forma compulsiva. De otro modo, se cometerán errores tanto en la efectividad y planificación del tratamiento como en alejar a personas que están motivadas para el tratamiento y de las que se obtendría muy buena respuesta.

Un examen cuidadoso del patrón de bebida hace posible mucho más que el mero reconocimiento de que la persona es alcohólica. Es esencial obtener un informe detallado del modo de bebida para la correcta evaluación del problema individual y de esto depende el régimen de tratamiento que se aconsejará.

Muchas personas caen en el alcoholismo sin percibir su adicción. Es probable que no tengan ninguna anormalidad destacada en la personalidad. A veces, y esto no es en absoluto infrecuente, la gente padece una enfermedad o una lesión física cuya naturaleza o circunstancias llevan (o deberían llevar) al médico a preguntarles sobre la bebida. Pueden haberse roto una pierna y llegar intoxicados al hospital; pueden tener una úlcera gástrica o alguna otra condición de la que el alcohol es causa frecuente; pueden ser evidentes una o más de las complicaciones fácilmente reconocibles del alcoholismo, tales como la cirrosis del hígado o la neuritis periférica. A través de un interrogatorio es posible, si se quiere, revelar tres cosas: que estas personas consumen regularmente una gran cantidad de alcohol, que nunca se consideraron alcohólicos y que nunca antes habían tenido problemas a causa de la bebida. El médico o cirujano que ve la tarea en primer lugar como el tratamiento del desorden físico debería diagnosticar el alcoholismo subyacente, pero es probable que se incline por dejar la interrogación allí; entonces se considera que el paciente es una víctima del alcohol que no está afectada por el alcoholismo. O bien puede reconocerse que el paciente es alcohólico pero sin intentar el tratamiento de este aspecto de la dolencia. El paciente rechazará vigorosamente la noción de ser alcohólico o dependiente del alcohol, si esto se le plantea. Pero no es así. La renuencia del médico a explorar el diagnóstico aumenta si el paciente no da señales de ansia de alcohol mientras está en tratamiento. Sólo si el paciente pide alcohol o presenta síntomas de abstinencia se hará evidente la verdadera naturaleza de la dependencia.

Hemos discutido en los capítulos anteriores los factores que contribuyen al desarrollo del alcoholismo. Rara vez se desarrolla sólo por mala suerte: los factores de predisposición en el individuo son la regla general. Ciertas técnicas apropiadas de interrogación generalmente logran extraer del paciente que, si no bebe una copa, su ecuanimidad y su aplomo están lo suficientemente perturbados como para impedirle llevar una vida tranquila. También es probable que revelen lo más importante: que alguna vez se asustaron de la influencia que el alcohol había ganado sobre ellos y que trataron de abandonarlo. A pesar de sus protestas de que podrían dejar de beber sin esfuerzo, rara vez lo logran. La mayoría de estas personas se ha vuelto insidiosamente dependiente del alcohol, pero al haber adquirido una alta tolerancia pocas veces se muestran evidentemente intoxicados. En consecuencia, no llaman la atención de los médicos hasta que se desarrollan desórdenes nutricionales. Estos pueden ser acelerados por restricciones en la dieta debidas a la estrechez económica. Es muy perjudicial permitir que esas personas dejen el hospital sin conocer la realidad de la situación. Algunos de ellos pueden arreglárselas para dejar de beber gracias a sus propios esfuerzos, pero para la gran mayoría es esencial una atención especial si se quiere evitar que el deterioro continúe. Los alcohólicos no pueden estar mucho tiempo sin beber. Una vez alejados del ambiente protector del hospital, vuelven a beber en forma anormal.

Un contable de cuarenta años fue internado con una úlcera gástrica. En ese entonces bebía dos botellas de whisky por día. Se estableció que ésa era la causa de su úlcera y se le pidió que redujera la cantidad. Cuando se le dijo el motivo, asintió de buen grado. Sin embargo, cuando abandonó el hospital se dio cuenta de que no podía hacerlo. Ocho meses más tarde tuvo un ataque de delirium tremens. Ni siquiera después de esto pudo aceptar que era alcohólico. Sólo después de un intento de suicidio aceptó internarse para el tratamiento de su alcoholismo. Entonces se puso en evidencia una anormalidad de la personalidad de toda la vida. De niño lloraba si se le pedía que actuara en la escuela o en alguna fiesta. De joven podía hablar en público sólo si antes bebía. Hacia su madre, y luego hacia su esposa, era demasiado agresivo y a la vez anormalmente dependiente. En la situación terapéutica, primero intentó evadir la exploración de su conducta adoptando una postura de despreocupada superficialidad.

Cuando se penetró esta barrera, se comprometió seriamente con su tratamiento.

EL ALCOHOLICO REGULAR PERO MODERADO

Utilizamos este término para describir a los alcohólicos que necesitan beber todos los días. Su consumición diaria puede ser considerable pero no se ven forzados a terminar todas sus provisiones o a gastar todo el dinero. Por lo tanto, hasta este punto, son capaces de regular su bebida excesiva y bajo la presión de demandas sociales extraordinarias es posible que consuman menos que de costumbre. Sin embargo, no es probable que esas personas puedan estar un día sin beber y, a medida que la afección avance, lo primero que harán por la mañana será tomar una copa. No toleran estar sobrios, pero rara vez beben hasta embriagarse. Es característico de este tipo de bebedores el poder controlar la cantidad que consumen en cualquier momento. Esta variedad de alcoholismo se conoce por el nombre de "incapacidad para abstenerse".

Si la persona deja de beber, voluntariamente u obligada, aparecerá el ansia y es casi seguro que habrá síntomas de abstinencia. Por lo tanto, no se trata sólo de una dependencia psicológica sino también de una dependencia física, producto de la bebida excesiva continua. El paciente ha adquirido tolerancia en los tejidos.

Otra variante bien reconocida es la de la gente que bebe regularmente en un bar con el mismo grupo de amigos. Compensan de este modo las deficiencias en sus otras relaciones sociales. En cualquier otro lugar se sienten inferiores; sólo allí, rodeados de compañeros en los que confían y que no los criticarán, progresivamente a medida que avanza la velada, son capaces de sentirse cómodos, inspirados por el sentimiento de compañerismo que engendra el grupo. Beben una copa tras otra, una ronda tras otra; cada bebedor ordena bebidas no sólo para su propia satisfacción sino por el placer que encuentra en tratar a los amigos que valora tanto. Al menos aquí son los compañeros de alguien.

Algunos de los que beben en grupo en un bar son en realidad personas aisladas, sin amigos. Pasivos, de buen carácter, sin ambiciones, nunca han aprendido de las relaciones maduras; y en la camaradería informal, sin exigencias, del bar, nunca son juzgados intelectual o emocionalmente. Están en su elemento.

Estos bebedores consumen por lo general una cantidad considerable de alcohol en el curso de una noche; sin embargo, al no beber en forma apresurada y al haber tenido muchos años para adquirir tolerancia, rara vez presentan una gran intoxicación.

Los bebedores gregarios están a la vista de todos. Lo mismo sucede con algunos bebedores solitarios. Es común en los bares encontrar a personas sentadas solas en una mesa o en un rincón bebiendo hora tras hora, claramente renuentes a entablar algún intercambio social. Ariscos, sin prestar atención a lo que los rodea, se dedican a beber sin la interferencia de la conversación. Optan por beber en el bar en lugar de hacerlo en sus casas, para escapar del antagonismo de su familia y porque el bar está preparado para servir sus consumiciones con el mínimo de molestias.

Otros bebedores solitarios beben en sus casas. Si son mujeres, generalmente lo harán en secreto. Tanto las mujeres como los hombres que beben en secreto quieren brindar una imagen de sobriedad y fingen desesperadamente cuando alguien sospecha de ellos. Aquellos que beben en sus casas por lo general lo hacen todos los días. Ya no pueden abstenerse, pero la cantidad continúa bajo control: no se emborrachan. Las mujeres que permanecen en sus casas mientras sus maridos van a trabajar a menudo hacen intentos patéticos todas las noches para ocultar las pruebas de que han bebido. Su situación es extrema. Por desgracia, cuando los alcohólicos, en particular las mujeres, beben en secreto, es muy difícil penetrar en su silencio, ganar su confianza y ayudarles a obtener la asistencia de los expertos. La mujer de cuarenta años que bebe tres botellas de jerez por día descrita por Edwards[14] está, desgraciadamente, sola con su bebida. Edwards se pregunta qué puede hacerse para iniciar una ayuda humanitaria, técnicamente competente e integrada... antes de que se dañe el hígado, se descuiden a los hijos o se considere el suicidio. Pero si nadie sabe que beben, nadie puede ayudar.

EL ALCOHOLICO COMPULSIVO

Una variedad diferente de alcoholismo es la que se presenta en aquellos que, una vez que comienzan a beber, no pueden detenerse sino que deben continuar hasta que gastan todo el dinero, se acaban todas las provisiones, sobreviene un accidente o pierden la conciencia. Esos bebedores pueden tener períodos abstinentes pero una vez que comienzan a beber de nuevo, no pueden limitar la cantidad. Este patrón ha sido llamado con acierto "pérdida de control". En los casos leves, la cantidad de alcohol que se ingiere puede aumentar en forma gradual durante varios días después de un período de abstinencia. Con el tiempo, sin embargo, se llega al punto de embriaguez.

Otra variante, que escapa al cuadro total, tiene lugar cuando existe un poco de autocontrol aunque se ha llegado a la embriaguez; el alcohólico mantiene suficiente prudencia y logra desistir, a pesar de que todavía quede bebida disponible. Una maestra casada de cuarenta y cuatro años trabajaba cinco días a la semana sin beber. Todos los viernes así que terminaban las clases comenzaba a beber ginebra a tal punto que antes del anochecer estaba muy intoxicada, muy sociable y hablaba en exceso. No se comportaba como es debido en sociedad e insultaba a su marido acusándolo de prestarle poca atención. A la mañana siguiente no tenía idea de los problemas que había causado en su propia casa y en las de sus amigos. Continuaba bebiendo durante el sábado y se emborrachaba y se olvidaba de todo una vez más; el domingo por la mañana se despertaba arrepentida y temerosa y, aunque comenzaba a beber de inmediato, podía ir a la escuela y hacer su trabajo durante la semana siguiente. Era más afortunada que muchos otros que sufren de pérdida de control. No tienen fuerzas para impedir que sus ataques continúen hasta la embriaguez prolongada. Sufren invariablemente de síntomas de abstinencia, ya que se han vuelto fisiológicamente dependientes del alcohol y es muy común que no recuerden los últimos sucesos de su etapa de bebida, aunque no hayan perdido la conciencia.

Los alcohólicos compulsivos son el sostén de Alcohólicos Anónimos. Es fácil ver que han desarrollado la idea de que el alcohol es un veneno específico para ellos, sobre la base de una sensibilidad física previa. Esta posición es incorrecta; pero, como más tarde el alcohólico se vuelve fisiológicamente dependiente, la idea de que el alcohol es un veneno puede ayudar a sostener la lucha por la abstinencia.

Entre los ataques de bebida, los alcohólicos compulsivos pueden permanecer abstinentes por períodos de varios días. Un extraño que los conozca en ese momento no podrá percibir que son dependientes del alcohol. Aunque este tipo de alcohólico es capaz de soportar la sobriedad temporal, tan pronto como beben una copa, una cadena de sucesos se pone en movimiento. Están obligados a continuar bebiendo hasta que sus reacciones físicas, alguna enfermedad o daño graves o el creciente terror por las consecuencias si continúan los fuerzan a detenerse. El alcohólico atrapado en esta furiosa marcha ya no puede sentirse libre para elegir entre abandonar o continuar con la bebida.

Los alcohólicos que beben según este patrón tienen serias dificultades sociales. Su conducta de borrachos causa repulsión. Alejan y provocan la hostilidad de las personas que entran en contacto con ellos, aun cuando estén deseosas de ayudar.

Los alcohólicos descritos hasta ahora en este capítulo no padecen enfermedades psicológicas definidas adicionales. Pero el alcoholismo puede ser la perturbación más evidente de un paciente cuyo desorden principal es, en realidad, la neurosis. El alcoholismo no es primario y la forma de beber no es distintiva. Adoptan muchos patrones variados. Los alcohólicos con neurosis beben para reducir su angustia subjetiva, para disminuir sus conflictos emocionales. Su bebida representa un intento de curar los síntomas de la dolencia subyacente. Sin embargo, como el nivel de bebida generalmente excede lo que se acepta socialmente, empeora su situación interpersonal. Entonces utilizan el alcohol para tratar de contrarrestar los síntomas que derivan de las relaciones interpersonales desequilibradas, pero por desgracia sus amigos y parientes tienen que soportar las molestias agregadas de la bebida superpuestas a las dificultades psicológicas preexistentes. De modo que la bebida es contraproducente. Aun así pueden persistir en ella por muchos años al no conocer otra alternativa. Con el tiempo se desarrolla la dependencia física que da como resultado la adicción. No obstante, si se presta adecuada atención al desorden psicológico subyacente, el paciente puede renunciar al alcoholismo. El tratamiento en tal caso debe estar dirigido a tratar con el desorden psicológico, pero no es posible lograr un impacto terapéutico efectivo sobre el paciente para curar la neurosis, ya sea a través de la psicoterapia individual o la terapia de grupo, hasta que se interrumpe la bebida.

EL ALCOHOLISMO SINTOMATICO

A veces el alcoholismo se presenta en un paciente que ya sufre un desorden psiquiátrico severo. Esto debe considerarse lo primero en el tratamiento. El alcoholismo puede ser un síntoma de que la persona padece depresión o esquizofrenia, una enfermedad psiquiátrica debida a un daño cerebral o sufre de una anormalidad mental.

El médico que trata a muchos alcohólicos siempre estará alerta para detectar al paciente cuyo alcoholismo debería considerarse un síntoma de una enfermedad psiquiátrica subyacente severa, cuyo diagnóstico requiere un rastreo cuidadoso de los antecedentes y un examen psiquiátrico detallado.

Una mujer de negocios soltera de sesenta años se había retirado. Durante cuarenta años había cuidado de su madre, a la que describió como una persona muy decidida, la que tomaba todas las decisiones en la familia a pesar de su constante pereza. Además de ser egoísta, la madre perturbaba a la familia al querer estar siempre en partidas de naipes, fiestas o ir al teatro. Había quedado viuda hacía mucho tiempo y en la vejez se había deteriorado mentalmente; tenía problemas intestinales y ensuciaba la casa. Seis meses antes, su hija, la paciente, se deprimió, no podía relajarse y dormía mal; no sabía qué hacer con su madre y, resentida, pensaba que a la anciana no le preocupaba controlar sus movimientos intestinales. Comenzó a beber mucho y pronto llegó a beber media botella de coñac por día y gran cantidad de jerez. La bebida no aliviaba su depresión pero le daba fuerza suficiente para poder afrontar la limpieza adicional junto con las tareas habituales del hogar. Un mes antes de que se la tratara por primera vez a causa de su alcoholismo, el médico de la familia arregló las cosas para que su madre ingresara en un asilo. La paciente se deprimió aún más. Se sintió como un alma en pena, cada vez más triste e insomne. Se dio cuenta de que no podía dejar de beber. "Creo que soy alcohólica. Creo que no podré controlar la bebida aunque la depresión mejore. Todos dicen que no debería sentirme culpable por internar a mi madre, pero yo debería haber resistido hasta el fin. Es obligación más que amor." Había utilizado el alcohol para darse ánimo, para ayudarse a dormir, para reducir la inquietud y aliviar la angustia de "preocuparme demasiado por cosas por las que no era necesario preocuparme".

La afección de esta paciente era una enfermedad depresiva originalmente centrada en el resentimiento hacia su madre; su sentimiento de fracaso y autoculpa cuando su madre fue internada fueron otros síntomas de enfermedad. El alcoholismo era secundario al desorden psiquiátrico y se lograron buenos resultados con un tratamiento a base de drogas para su depresión junto con medidas psicoterapéuticas. Se recuperó con rapidez e hizo arreglos para un largo crucero. La bebida ya no le causó más problemas.

En algunas ocasiones el alcoholismo puede ser una manifestación temprana de las psicosis causadas por enfermedades orgánicas del cerebro o como parte de un cuadro general de deterioro mental senil. En este grupo con lesiones cerebrales estructurales, la bebida tiende a no tener un propósito determinado y a estar pobremente organizada.

EL BEBEDOR INTERMITENTE

Hemos dejado para el final un patrón de bebida inusual que no puede incluirse en ninguno de los grupos anteriores.

Hay personas que durante tres a seis meses, y a veces más, beben sólo socialmente, si es que beben. De pronto, comienzan a beber en exceso durante días y días, bebiendo todo el tiempo, desatendiendo sus responsabilidades en el trabajo o hacia sus familias. A veces durante estas "ráfagas" de bebida provocan grandes daños a los demás y a sí mismos. Días o semanas más tarde se detendrán con la misma precipitación.

Un maestro de cuarenta y cinco años bebía en exceso en períodos de dos a tres días, con descansos de aproximadamente cuatro meses. El intervalo más largo fue de catorce meses.

Por lo general nunca bebo más de un jerez. Una vez que comienzo a beber más, sólo bebida social civilizada, se hace más probable una ráfaga de bebida. Me doy cuenta cuando una es inminente. Me digo: "Me voy a emborrachar esta noche y, ¡Dios, cómo lo detesto!". Cuando comienzo, parece haber una actitud decidida de ponerme muy ebrio, hecho una cuba. Me decido entonces a permanecer borracho de cuarenta y ocho horas a tres días, hasta llegar a un estado avanzado de intoxicación. Lo único que puede tranquilizarme es más alcohol. Sólo las drogas pueden sacarme de este ciclo, del que quiero salir con desesperación. Nunca perdí un empleo pero tuve que ser hospitalizado varias veces. Es como si esas ráfagas estuvieran planeadas inconscientemente. Tienen lugar cuando siento: "Ahora puedo liberarme, escapar de las cosas". Primero viene la construcción, luego la liberación. Es echar todo por tierra en forma salvaje, exuberante, irreflexiva. Lo lamento por mi esposa en muchos aspectos. Honestamente no sé cuál es la solución. No sé qué hacer conmigo ahora.

Este tipo de bebedores puede no sentir la urgencia de beber durante muchos meses y, en realidad, puede haber sido capaz de beber socialmente; pero una vez que la ráfaga comienza, progresa implacablemente. Un comerciante fue atendido después de haber sufrido ataques periódicos de bebida durante treinta años. Comenzó a tratarse porque ya no podía soportar las consecuencias físicas de una ráfaga de bebida:

Me pongo nervioso, en especial cuando trato de dejarlo. Lo que me preocupa es que puedo resistir hasta diez meses, pero entonces comienza de nuevo. Primero siento el impulso de comenzar durante dos o tres días, que surge de algún hecho fortuito, el anuncio de alguna bebida que me llama la atención o el paso por delante de alguna cervecería. Entonces sucumbo. Poco después de comenzar me siento culpable porque soy una desgracia para mi familia. Ultimamente mi hija me ignora y llega tarde del colegio porque está cansada de verme así; quiere permanecer fuera de casa el mayor tiempo posible para no tener que verme.

El gran interés de la bebida intermitente surge de esta alternancia de bebida breve pero altamente patológica con largas fases de normalidad. Los bebedores periódicos de esta clase generalmente niegan que se requiera alguna tensión psicológica particular para desencadenar las fases de bebida y tampoco se pueden incriminar sucesos perturbadores. Esta forma inusual de beber solía denominarse dipsomanía o alcoholismo periódico.

Hemos visto que los distintos patrones de bebida anormal pueden ser asociados con desórdenes de la personalidad (la mayoría de los casos entra en esta categoría), con una enfermedad neurótica subyacente o con psicosis o enfermedades cerebrales subyacentes. Cada una de estas características establece su propia forma de uso patológico del alcohol y cada una requiere un método separado de tratamiento. Se usa el término global de alcoholismo para abarcarlas a todas. Pero su examen clínico debe incluir un cuidadoso proceso de diferenciación para determinar la categoría a la que pertenece la forma de beber particular de una persona.

8
Las etapas del alcohólico

La historia de cada uno de los alcohólicos es única. Las experiencias personales, las perturbaciones psicológicas, los cambios y trastornos sociales, las enfermedades físicas y los cambios en los hábitos de bebida, todos contribuyen a una secuencia de sucesos particulares de cada individuo. Pero el investigador del alcoholismo, que se encuentra con fenómenos similares una y otra vez, discierne progresiones habituales. La carrera total del alcohólico comprende períodos sucesivos de enfermedad, cada uno con sus propias fases que pueden ser identificadas por sus síntomas característicos a medida que aparecen. Algunos sucesos generalmente tienen lugar temprano; otros se hacen presentes en las etapas posteriores de la dolencia. El orden en que los describiremos deriva de considerar a un gran número de alcohólicos; no se encontrará ningún paciente particular que lo siga exactamente. Los sucesos que típicamente ocurren temprano en el curso de la afección pueden encontrarse tarde en las historias de algunos alcohólicos o pueden no aparecer jamás. Algunos pacientes pasan con dramática rapidez de las etapas tempranas del alcoholismo a los niveles más severos, casi sin fase intermedia. Hay variaciones individuales de considerable magnitud. El perfil resultante de una serie escalonada de fases representa sólo un cuadro compuesto; no obstante, es fiel a la generalidad de los alcohólicos. El alcohólico comienza con la bebida excesiva, se mueve a una etapa de dependencia y avanza hasta alcanzar la etapa del alcoholismo crónico con deterioro físico y mental. Dos transiciones tienen fundamental importancia. La primera, que marca el comienzo del alcoholismo, ocurre cuando una persona deja de ser tan sólo un bebedor excesivo y resulta perjudicada. La segunda, cuando el alcohólico pasa al alcoholismo crónico, está marcada por el desarrollo de cambios corporales severos y persistentes.

Las fases del alcoholismo

Etapa de bebida excesiva

Pasa más tiempo bebiendo socialmente	Tolerancia aumentada
Bebe más noches a la semana	Culpa por la bebida
Bebe a hurtadillas	Fracasos sociales que se excusan
Toma bebidas más fuertes que sus compañeros	Con explicaciones fabricadas
Adopta estrategias para obtener más bebidas	Necesita beber para actuar adecuadamente en el trabajo y la sociedad
Está preocupado por la bebida	Mayor sentimiento de culpa
Bebe para aliviar tensiones	Siente que la bebida se ha transformado en una necesidad

Etapa de dependencia del alcohol

Comienzo de las amnesias alcohólicas (pérdidas de la memoria)	El cónyuge asume más responsabilidades
Mayor frecuencia de amnesias	Deterioro de las relaciones familiares
Pérdida del control: bebida compulsiva	Malas interpretaciones paranoicas

Reducción de los intereses

Caída de la eficiencia en el trabajo

Absentismo

Ebrio durante el día

Reprobación de su jefe o parientes

Autoestima baja

Remordimientos

Alardes y generosidad compensatorios

Despilfarro de dinero

Engaña a la familia, contrae deudas

Aislamiento social cada vez mayor

Arranques de agresividad

Autocompasión

Justifica la bebida con autoengaño

Reducción del impulso sexual

Celos morbosos

Ebrio los fines de semana

Pérdida del empleo

Destrucción de la familia

Ansiedad matinal

Bebida matinal

Oculta las provisiones de licor

Reiterados intentos de dejar de beber

Impulsos e intentos suicidas

Descuido de las comidas

Etapa de alcoholismo crónico

Dominan síntomas físicos y mentales

Pérdida del apetito, escasa ingestión de alimentos

Bebida continua

Disminuye la tolerancia

Razonamiento confuso prolongado

Uso de vinos baratos y alcohol desnaturalizado

Delírium trémens

Va a Alcohólicos Anónimos o busca tratamiento médico

Graves enfermedades físicas

101

En las etapas tempranas de la bebida anormal, aunque los bebedores excesivos ingieren más alcohol que los bebedores sociales normales, beben según el mismo patrón. Sin embargo, hay signos que advierten que se ha desarrollado una bebida excesiva. La persona no sólo bebe más que los demás, también está bebiendo más que antes, y esto es importante. *Se pasa más tiempo bebiendo*, más noches a la semana y más cada noche. No pasará mucho tiempo antes de que la persona descubra que no puede obtener bebida suficiente bebiendo de una manera socialmente aceptada y comienza a *beber a hurtadillas*. Esto implica beber ronda tras ronda con sus amigos pero también obtener bebidas adicionales entre una vuelta y otra.

También se adoptan *estratagemas* para poder beber aún más, mientras que este hecho se oculta de los demás. Se puede abandonar momentáneamente a los compañeros con cualquier pretexto y tomar rápidamente una copa en algún otro bar. O bien puede ir de bar en bar de modo que los conocidos que se encuentra en cada bar no se dan cuenta de la cantidad que bebe. En su casa, el pálido licor de su vaso puede ser whisky y no el jerez que se sirvió a todos los demás. Las visitas a la cocina no son siempre para ir a buscar hielo. En las casas de otras personas, los alcohólicos no tardan en descubrir dónde pueden encontrar las bebidas fuertes y no dudarán en servirse. Se habrán tomado varias copas preparatorias antes de llegar a la casa de su anfitrión y si se calcula que no habrá suficientes bebidas allí, se puede llevar alguna botella.

Todos estos recursos manifiestan una *avidez de alcohol* y la determinación de obtener la cantidad que el alcohólico requiere ahora. Todo esto se hace sin vergüenza porque uno todavía no está consciente de lo que estas acciones significan. Los alcohólicos no se consideran distintos de sus semejantes, aunque sienten la necesidad de ocultar la bebida a sus amigos por si empiezan a notarlo.

En este estadio, la bebida brinda alivio positivo. El alcohólico ha descubierto que tomar el alcohol disminuye la tensión. "Era tímido en los bailes y bebía para relajarme y volverme más sociable. Me infundía coraje para bailar. No podría haberlo hecho sin beber." Se sentía mejor al beber. Al haber descubierto *que el alcohol proporciona alivio*, el bebedor excesivo lo utiliza con este fin casi todos los días y se transforma en un bebedor regular.

Este aumento de la bebida resulta de una *mayor tolerancia* del alcohol, de manera que una cantidad dada de alcohol produce menos efecto. A pesar de que deban beber más para obtener el alivio que buscan, los alcohólicos pueden estar entusiasmados por esto. Pueden ingerir la cantidad que necesitan y aun así estar bastante sobrios. Hasta se felicitan por su habilidad para tolerar el licor. Sin embargo, lo que está sucediendo es un cambio fisiológico, una alteración de la reacción del cuerpo hacia el alcohol. En este momento, las primeras dos o tres *copas pueden consumirse con gran rapidez* para obtener el efecto tan pronto como sea posible. La persona comienza a sentirse diferente de los demás, separada de sus amigos, de quienes percibe una muda objeción. Evitan deliberadamente a ciertos amigos y rompen contacto con aquellos cuyas críticas han sido o podrían ser más perturbadoras. Paradójicamente, esto es parte de un intento penoso e inútil de protegerse socialmente al permanecer sólo en la compañía de aquellos que no se preocupan porque los unen lazos menos personales. Se inventan excusas por haber perdido oportunidades o haber olvidado promesas. Los alcohólicos se detestan por ser mentirosos. Ahora saben que están disimulando. Comienzan a ser *invadidos por la culpa* de lo que tienen que hacer para poder beber lo que necesitan.

Se ha llegado a la etapa en que se siente que, para funcionar correctamente, hay una necesidad imperativa de los efectos del alcohol. Se debe tomar una copa para estar preparado para las actividades de rutina.

Ahora la bebida es una necesidad. Ya no se bebe tanto por placer sino para experimentar sus efectos. El alcohólico, porque a esta altura la persona lo es inevitablemente, *bebe con frecuencia hasta embriagarse.* Esto trae consecuencias físicas inevitables. Tiene lugar una *pérdida de la memoria.* Al recuperarse de una sesión de bebida no quedan recuerdos de sus últimas etapas. En tal situación, los alcohólicos no pueden explicar cómo volvieron a sus casas ni recuerdan si cometieron actos vergonzosos. En realidad la conducta ha sido generalmente irreprochable. La primera indirecta a sus amigos al otro día puede ser una ansiosa y errada indagación para descubrir cómo se comportaron. La falta de conciencia durante la sesión de bebida no es la responsable del vacío: así lo prueba la corrección de su conducta en ese momento. No es posible recordar más tarde lo que sucedió porque los hechos no se grabaron en la memoria. Es inútil devanarse los sesos para recordar: no existe ninguna impresión que rememorar.

A veces los alcohólicos están demasiado conmocionados en la primera aparición de tal amnesia como para admitir que toda una secuencia de sucesos ha sido olvidada. Uno describió su desconcierto al recibir una carta de un asociado que trataba de una conversación telefónica que este hombre había mantenido con el paciente: "No puedo recordar la conversación. Me preocupa un poco haberla olvidado. Pero lo dudo. Tal vez se refería a una conversación telefónica imaginaria".

Esas lagunas de la memoria pueden ocurrir en los bebedores excesivos aun en ocasiones en que no han estado bebiendo demasiado. Algunos pacientes son capaces de precisar cuándo comenzaron. "Por entonces tomaba un par de copas durante el día y arremetía con todo por la noche. A menudo me despertaba por la mañana sin poder recordar lo que había sucedido durante algunas partes del día anterior." Casi todos recuerdan su primer episodio aun cuando no puedan estimar la fecha. Los períodos amnésicos son particularmente alarmantes si el alcohólico teme haberle causado un daño grave a alguien pero no recuerda si fue así. Esto le ocurrió a un joven maquinista. Su esposa dijo que una noche volvió tarde en un estado muy perturbado y con sangre en las manos, la camisa y la ropa interior. Era incapaz de recordar dónde había estado y qué había hecho. Más tarde hizo averiguaciones y descubrió que una compañera de trabajo se había ido de la fábrica con él y habían tenido relaciones sexuales. Podía haber sucedido, pensó, en un bosque o en un parque, pero su memoria no iba más allá.

El término "oscurecimiento" se utiliza a menudo para describir esta amnesia, particularmente por los mismos alcohólicos, pero es engañoso porque no ha habido inconsciencia. La anormalidad se debe a un fallo en el registro de sucesos en la memoria. Los cambios físicos en la actividad cerebral son responsables de este extraordinario fenómeno, que casi todos los alcohólicos han experimentado. En ellos el efecto es demoledor: ya no pueden ocultarse a sí mismos que la bebida los está perjudicando. En esta etapa precisamente muchos alcohólicos buscan ayuda. Para el médico son un signo seguro de que, sin tratamiento, es muy improbable que se produzca una reversión hacia la bebida controlada y moderada y de que el paciente ha comenzado un inexorable camino cuesta abajo. Cuando *aumenta la frecuencia de las amnesias*, de modo que los blancos de la memoria se vuelven bastante regulares y ya no se presentan como hechos aislados y horrorosos sino como aspectos repetidos de la vida del bebedor, se ha alcanzado otro hito.

Una vez que la persona dependiente del alcohol comienza a perder el poder de decidir de antemano cuánto va a beber o atenerse a esa decisión, *la capacidad para regular la bebida se ha perdido*. Tales alcohólicos a menudo se encuentran en la posición de beber más de lo que pensaban; este fenómeno se designa con la frase "pérdida de control". El alcohólico se ha vuelto un bebedor compulsivo. Una copa conduce inexorablemente a una sucesión de otras a pesar de la extrema improcedencia de dicha conducta. En el peor de los casos, esta pérdida de control implica que cada vez que el alcohólico comienza a beber, continuará hasta estar indefenso.

A esta altura, la bebida consume la mayor parte del tiempo, los pensamientos y la energía del alcohólico y, de ese modo, *los intereses se reducen*. Una noche en el cine es una noche de bebida perdida. Un patrón puede advertir una *pérdida de eficiencia en el trabajo*: se deslizan errores, las ventas bajan; crece la impuntualidad y los períodos cortos de *absentismo*. (En las empresas en que se desea identificar y tratar a los alcohólicos, se enseña a los gerentes a reconocer el absentismo de los lunes por la mañana como un signo probable de alcoholismo.) Aun cuando esté trabajando, el alcohólico puede estar desatento y sus olvidos pueden traer graves consecuencias. Inevitablemente llegará el día en que estará cada vez peor por beber mientras trabaja. Ha comenzado la *embriaguez durante el día*. "Nunca estuve sobrio durante los últimos cinco meses de mi servicio militar", es cómo un ex soldado describió la ocurrencia de esa embriaguez durante el día.

Todos aquellos con quienes los alcohólicos tienen contacto —parientes, amigos, compañeros de trabajo y superiores— los reprenden y sermonean. Les advierten que si no cambian de actitud tomarán medidas. Estas *presiones sociales en aumento* hacen más insegura la posición del alcohólico y exacerban la bebida.

En esta etapa la autoestima es muy baja. Los alcohólicos se consideran indignos y despreciables. Es probable que se sientan tentados a cometer fechorías debido a la avasalladora necesidad de beber:

Primero iba a la caja sólo para sacar cambio, poner un billete de cinco libras y tomar cinco de a uno. Luego comencé a sacar dinero para gastarlo en bebida, con la idea de reponerlo el día de pago. Más tarde, lo último en lo que pensaba era en reponer el dinero.

Están *acosados por los remordimientos* de haber desilusionado a todos y a sí mismos. Para compensar, pueden recurrir a hablar sobre *logros pasados*, a veces exagerándolos en forma grandiosa para impresionar a los que todavía toleran su compañía. Inventan grandes mentiras para dar una mejor imagen.

Cuando conocí a mi esposa le dije que mi mano derecha era débil a causa de una herida de guerra. En realidad se debía a la polio. También le dije que tenía cinco años más de los que realmente tenía. Después de decirle esas mentiras, me obsesionaba la idea de que mi esposa descubriera lo de la polio y me dejara, o que mi padre me preguntara sobre el ejército y mis mentiras salieran a la luz.

Para brindar mayor credibilidad a esos cuentos de valor y éxito pueden *gastar grandes cantidades de dinero* en tratar a los demás con indebida ostentación. Es común que una persona entre en un bar con el jornal de una semana completo y se quede sin un céntimo esa misma noche.

Un alcohólico puede intentar recuperar sus pérdidas a través de especulaciones insensatas y puede recurrir al juego en un intento desesperado por recuperar posiciones y mejorar la actitud de la familia. Por supuesto que produce el efecto contrario. Un empleado puede destinar una porción cada vez mayor de sus ingresos para "gastos personales" o, si manejan así su presupuesto, su esposa puede descubrir que su asignación mensual no ha sido depositada en su cuenta. Aún más inquietante es cuando ella descubre que los pagos de los que él era responsable —cuotas de alquiler, compras o una sociedad constructora por ejemplo— no han sido hechos. La ha estado engañando. Desde su punto de vista, está forzada a reconocer que su marido ha estado provocando una especie de desfalco familiar. En pocas palabras, hay menos dinero disponible y *las deudas se acumulan*. Del mismo modo, esto puede sucederle al marido de una mujer alcohólica. La familia se ve forzada a reducir su nivel de vida. Naturalmente, se experimenta mucha más culpa, ya que el dinero se ha despilfarrado tan inútilmente. Al mismo tiempo, el cónyuge comienza a percibir que *se han estado aislando socialmente*. Reciben cada vez menos invitaciones y el estado de su pareja hace que sea aconsejable rechazar algunas de las que todavía reciben. Cada vez más, la pareja del alcohólico debe asumir toda la responsabilidad de la familia. Ahora el cónyuge no-alcohólico es el que organiza, controla y satisface las necesidades de todos. La situación los conduce a pensar que sus cónyuges se han vuelto desconsiderados, furtivos y mentirosos, aparentemente duros e insensibles. Sumado a esto, casi siempre están borrachos. Los modales del alcohólico se vuelven más groseros. Se muestran *reiteradamente agresivos*, maltratando a su pareja y a sus hijos. En ocasiones llegan a golpear. El resultado de esa conducta es un creciente rencor hacia ellos.

Cuando el cónyuge acusa, insulta, amenaza y humilla al otro, el alcohólico se venga con gran hostilidad. No se da cuenta de que todas esas circunstancias adversas surgen de su bebida. "Al principio llegaba a un equilibrio entre mi matrimonio y la bebida. Luego mi hogar empezó a importarme menos. Pasaba cada vez más tiempo en los bares y quería más oportunidades para beber." Los alcohólicos se ven impulsados a reinterpretar los hechos en forma paranoide. Llamamos a esto *el cambio paranoide*. Se ven como la víctima, no el causante, de los males que les acontecen. Son sus amigos, familiares y superiores en el trabajo los que los desilusionaron. La autocompasión ha venido a acompañar al remordimiento.

Este es también un punto sin retorno. La oportunidad de un importante paso en el discernimiento se ha perdido. Una vez que los alcohólicos se creen agraviados, dejan de interpretar el mundo correctamente. Sospechan de los que tratan de ayudarlos, imaginando que están imbuidos de la hostilidad que sienten a su alrededor. Ahora, cuando vuelven tarde a casa se ofrecen una nueva razón para demorarse en el bar. Solían sentir remordimientos por esto; ahora se convencen de que están justificados en hacerlo para escapar de los reproches de una esposa regañona. De igual modo justifican las oportunidades que encuentran para beber y la creciente incapacidad para afrontar sus responsabilidades por medio de *excusas y coartadas*.

En realidad, las racionalizaciones comenzaron hace mucho tiempo, cuando el alcohólico se convenció de que una copa podía ayudarlo en su vida social o comercial. Al principio, había que convencerse; una vez convencido hay un camino muy corto hasta el engaño. Entonces, por ejemplo, aunque es el *impulso sexual disminuido* el que hace que las relaciones sexuales sean muy infrecuentes, el alcohólico cree que se debe a que su esposa no lo desea. Su frialdad le otorga el grano de verdad que necesita para reforzar esta noción. Entonces, de repente, se le ocurrirá que su falta de interés se debe a que tiene un amante. Es sordo a las protestas y las frases tranquilizadoras; a pesar de todas las pruebas en contra está convencido de su infidelidad. Sufre de *celos patológicos*, ya sea hombre o mujer.

Me imagino las ocasiones en que mi esposa puede mantener relaciones. Me amargo, siento un nudo en el estómago. Siento que debo hacer algo más positivo. Sospecho de la paternidad de mi segundo hijo. Entonces me extraña que la niña que le sigue también sea pelirroja. Le pregunto a mi esposa si permitiría un análisis de sangre. Me siento mal al acusar a mi esposa pero tengo que ver si la puedo hacer confesar.

En este momento el alcohólico puede comenzar a estar *continuamente borracho durante fines de semana enteros.* Desde el viernes por la noche hasta el domingo vive en una especie de mancha confusa. Al volver a la sobriedad es capaz de recordar muy poco acerca de cómo pasó el tiempo. También para la familia ha sido una pesadilla. Si el alcohólico estaba en casa, y en un estado de total incapacidad, entonces el desdén de la familia se exacerbaba; peor aún, si no fue a casa, debieron conciliar la ira con la ansiedad.

Este estado no es compatible con un trabajo correcto al comienzo de la semana. Los días de trabajo perdidos se hacen más frecuentes y a la larga pierden su empleo. Los despiden o bien, al darse cuenta de que el despido es inevitable, renuncian. Es más difícil encontrar un segundo trabajo que mantener el primero. Un nuevo patrón sentirá pocos remordimientos al despedirlos. Y así siguen. Forzados a aceptar trabajos cada vez menos especializados, por menos y menos dinero, los alcohólicos se encuentran pidiendo trabajos que antes nunca hubieran considerado; y a menudo tampoco los obtienen.

A esta altura la familia puede separarse. Es probable que el alcohólico abandone su hogar y se vaya a vivir a una pensión y se valga por sí mismo. Aislado, su apariencia se vuelve andrajosa y harapienta y la gente lo evita aún más. Los últimos vestigios de autorrespeto hacen que esquive a sus amigos, los que a su vez se mantienen alejados del alcohólico.

Cuando se despiertan *por la mañana están inquietos* y ansiosos y advierten que les tiemblan las manos. No pueden atarse los cordones, un hombre no puede afeitarse. Sólo si toman una copa recobran el control y pueden terminar de vestirse. La *bebida matinal* se transforma en un rasgo regular. El alcohol reemplaza a un desayuno más ortodoxo que el alcohólico no podría tolerar. El alcohólico se protege de la posibilidad de no ser capaz de moderar estos síntomas cuidando de que siempre haya *provisiones disponibles de bebida,* si es necesario escondiendo las botellas en cualquier escondite posible. A veces olvidan dónde las pusieron y los acosa el terror hasta que las encuentran.

Un abogado, que aún vivía con su mujer, escribió esta irónica descripción: El depósito de agua del inodoro no sirve. Detrás del pedestal del lavabo, en el baño, es casi un denominador común. El estante superior del armario de la ropa blanca es un buen lugar, porque yo soy alto y mi señora, muy baja. La jaula del conejo está sin duda entre los mejores: los conejos no hablan; pero un interés repentino en la vida animal puede causar un desastre. El mejor de todos es sin lugar a dudas el coche: ese espacio vacío en el tablero donde solía estar la radio, debajo de la caja de herramientas, al lado de la rueda de recambio o simplemente en la guantera con el diario del domingo encima. El sistema de señuelos tiene sus méritos, consiste en esconder alguna botella en un lugar que haga que la cazadora se sienta feliz de encontrar y ya no quiera seguir buscando. Tal vez el mejor lugar de todos sea el bolsillo interno de la chaqueta, siempre y cuando se logre eliminar el "blug-blug" delator. La habilidad para sacar y volver a colocar corchos, tapones, tapas patentadas y cosas por el estilo con rapidez es esencial para el operador regular y requiere práctica constante y minuciosa atención. Nada es más difícil de esconder detrás de una pantalla de charla intrascendente que el penetrante olor a whisky que emana de una botella mal cerrada.

En esta etapa, el alcohólico hace penosos intentos para detenerse, porque se da cuenta de que la bebida lo está conquistando. Por lo menos puede aceptar que es alcohólico y que a menos que alguien lo ayude está perdido. Con una mezcla de determinación y desesperanza se las arregla para abstenerse por un breve lapso; generalmente esos *períodos secos* duran tan sólo unos días. Cada lapso se logra con gran dolor porque para comenzarlo debe soportarse la agonía física y mental de los síntomas de abstinencia. Un paciente dijo:

Me di cuenta de que estaba bebiendo demasiado y por un año logré reducir la cantidad de alcohol; restringí la bebida a los fines de semana y bebí cerveza más que nada. Pero gradualmente caí de nuevo en el viejo patrón. En ocasiones traté de dejarla del todo, pero no pude.

A veces hay un acompañamiento desafortunado a estos intentos de dejar de beber. El alcohólico puede intentar aliviar la tensión *recurriendo a las drogas*: tranquilizantes, pastillas para dormir o estimulantes del grupo de la bencedrina. Es probable que el hábito de tomar estas drogas persista y es una grave complicación adicional. Más aún, la combinación de drogas y alcohol puede traer serias consecuencias.

Después de cada intento de abandonarla, la bebida comienza de nuevo y con ella surge un mayor abatimiento. Son frecuentes los episodios de suicidio o lesiones autoprovocadas a los que el alcohólico sobrevive:

No bebí durante casi un mes, pero en la boda de un sobrino me sentí diferente de los demás. Decidí tomar una copa. Pensé que podría controlarlo. El viejo engaño del alcohólico... Bebí sin descanso durante los siguientes cinco días. En un cegador destello de lógica ebria vi lo mal que estaba. Fue un rayo destructor. Tomé pastillas no para obtener ayuda sino debido a la desesperada posición en que me hallaba.

Tales episodios generalmente tienen lugar durante un período de bebida y la perturbación del pensamiento causada por la intoxicación distorsiona tanto el motivo como los planes. Muy a menudo toman una sobredosis de píldoras en forma impulsiva sin pensárselo dos veces. Cuando esos pacientes recobran la conciencia en el hospital, a menudo no pueden explicar por qué lo hicieron. No pueden asegurar si lo hicieron para morir o para que la gente advirtiera su desesperada situación. Un hombre despertó una mañana y se encontró sentado dentro del coche en un parque. Había tenido un ataque de amnesia. No tenía idea de cómo había llegado ahí. Presa de pánico, condujo de vuelta a su casa. Su esposa se había ido, llevándose todas sus pertenencias. Bebió más, escribió una carta de despedida a su esposa y subió al coche: "Decidí estrellarme en el coche". Condujo a gran velocidad contra un camión. Lo llevaron al hospital inconsciente con el cráneo fracturado.

Por detrás de todos estos intentos está la *desesperación*, que a veces surge en forma repentina después de una noche de bebida, a veces meditada en detalle. Casi todos los alcohólicos que han llegado a este grado de la enfermedad han rumiado la idea de que sería mejor terminar con todo, estar muertos. Como hemos descrito en el capítulo 3, muchos alcohólicos se suicidan.

EL ALCOHOLISMO CRONICO

El alcohólico no come bien; no se molesta en cocinar porque el efecto prolongado del alcohol le quita el apetito. Tiene náuseas casi continuas. El descuido de la *nutrición* puede causar enfermedades físicas, hecho que da al médico la primera posibilidad de descubrir lo que pasa y enfrentar al alcohólico con el diagnóstico. Los desórdenes nutricionales que se han desarrollado dan origen a enfermedades físicas bien definidas.

Estamos tratando ahora con el alcoholismo crónico, empapado en la bebida. Las orgías de intoxicación ininterrumpidas, los períodos prolongados de embriaguez continuada son producidos por cada vez menos alcohol ya que la *tolerancia disminuye* severamente en esta etapa. Los alcohólicos descubren que ya no pueden beber la cantidad que antes consumían. La ingestión reducida ya no los satisface y, lo que es más, produce desorganización y desesperanza, donde previamente podía haber habido orgullo, por lo mucho que podía tomarse sin llegar a la ebriedad. Los alcohólicos siempre advierten que esta reducción de la tolerancia indica un deterioro físico grave. Aunque las orgías ya no causan placer, se abandonan a ellas. *Deben obtener bebida* y para conseguirla llegarán a cualquier extremo. Pueden comenzar a *beber vinos baratos*, aun alcohol desnaturalizado.

Se vuelven *víctimas de miedos aterrorizantes*. A veces estos miedos acompañan la bebida. La mayor parte del tiempo *el razonamiento está confundido*. No beber es una tortura pero la bebida misma ya no brinda alivio. Es posible que pidan ayuda en Alcohólicos Anónimos o vayan al médico para pedirle consejo. Ese consejo, sin embargo, a veces llega solamente a través de una internación en un hospital debido a una *enfermedad grave*, ya sea una afección física, usualmente cirrosis del hígado o neuritis periférica, o bien una complicación psiquiátrica, delirium tremens, epilepsia alcohólica o psicosis.

Continuar bebiendo es ahora imposible; sin embargo, abandonar la bebida es impensable. El alcohólico crónico admite el fracaso. Va camino a la muerte. Si quiere vivir debe encontrar un tratamiento.

9
La familia del alcohólico

Así como los alcohólicos se ajustan a tipos definidos tanto en personalidad como en patrones de bebida, también hay patrones reconocidos de conducta en sus cónyuges. En parte se producen como respuesta a la bebida de la pareja; no obstante, también debemos considerar si habían aparecido antes. La mayor parte de lo que se sabe y se ha escrito sobre la familia del alcohólico concierne al alcohólico varón. Este capítulo está escrito principalmente desde ese aspecto, pero más adelante nos referiremos a los problemas que las mujeres alcohólicas causan a sus familias.

LA FAMILIA DEL HOMBRE ALCOHOLICO

En primer lugar, deberíamos considerar si los hombres alcohólicos eligen ciertos tipos de mujeres y si existen ciertos tipos de mujeres que se sienten atraídas hacia los alcohólicos; debemos tener en cuenta que en el momento de la boda tal vez el alcoholismo o incluso la bebida excesiva no se había desarrollado. Alrededor de la mitad de los cónyuges que luego se convierten en alcohólicos ya beben en exceso antes de casarse.[15] Las mujeres que los aceptan pueden estar eligiendo a sus esposos porque las características personales les atraen.

La mujer de un alcohólico, con demasiada frecuencia para ser producto de la casualidad, es la hija de un alcohólico. Es posible que busquen revivir en su matrimonio la relación que tenían con su padre. Debido a que advierten la exactitud de las advertencias de sus amigos, se encuentran en apuros para explicar su obstinación en querer casarse con el hombre que eligieron. Es posible que se casen con él incluso dándose perfecta cuenta de que el matrimonio no va a ser feliz. Las objeciones de sus padres tampoco las disuaden.

Los hombres alcohólicos a menudo se casan con mujeres mayores que ellos. Esto puede indicar que el marido busca respuestas maternales en su mujer; ha creado un equivalente psicológico de la relación con su madre. Algunos hombres que se casan con mujeres mayores que ellos son sexualmente inhibidos. Pueden tolerar, incluso recibir con agrado, el hecho de ser dominados por sus esposas, que son las autoridades reales de la familia. En el caso de un alcohólico, esta dominación es a menudo benigna. La esposa puede disfrutar protegiendo a su marido, aun cuando tiene hijos pequeños que criar. Adora a los bebés, quiere tener muchos y puede alegremente contar a su marido como uno más. Aparte de las observaciones aisladas como éstas, la información sobre las esposas de alcohólicos proviene de interrogarlas después de que el alcoholismo ha surgido. La esposa de un alcohólico a menudo admite que había advertido que su marido bebía demasiado en el momento de casarse, pero aducirá que no se dio cuenta de lo que eso implicaba. Se sorprende, en retrospección, de no haberlo hecho. Muchas mujeres, por el contrario, se casan con bebedores excesivos creyendo que ejercerán una influencia reformadora sobre sus maridos. No se dan cuenta de cuántos conflictos surgirán en el matrimonio. Desde el punto de vista de la mujer, el marido no será digno de confianza; ella deberá llevar sobre sus hombros la mayor parte de las responsabilidades de la casa. No podrá contar con él para que cumpla su papel ni en las decisiones importantes ni en las elecciones diarias. Es probable que durante períodos prolongados él esté desempleado y sea ella la que gane el pan. La única ayuda que él brinda entonces toma la forma de alguna actividad doméstica: cocinar, limpiar y cuidar a los niños.

Ella se vuelve insensible al efecto que produce en él su reacción constantemente menospreciativa. Una esposa, verdaderamente deseosa de ayudar a su marido, describió en detalle su "estúpida conducta". Hizo hincapié en su torpeza social.

Lo intenta con desesperación. Quiere ser lo más agradable posible. Dice cosas inusuales como "Qué hermoso sombrero", sin darse cuenta de que lo que está diciendo es raro. Cuando se habla de negocios, hace comentarios que tienen un aire de sabiduría pero que son totalmente vacíos. Cuando la gente le pregunta sobre el trabajo o algo concreto, la respuesta que da es completamente insignificante, incluso para un extraño. Siento que cualquiera puede darse cuenta de que fue un invento. Cuando conversa conmigo, y particularmente cuando tenemos gente alrededor, suele hacer afirmaciones sobre temas que no conoce. Son totalmente incorrectas y no puede justificarlas. Trata de hacerlo si surge una discusión, no en forma realmente agresiva pero..., siente que debe imponerse. Comete el error de pensar que lo que importa es imponerse y no está seguro de tener razón cuando lo hace.

Más de una vez se ha realzado lo capaz que es, a menudo, la mujer del alcohólico. Generalmente se puede arreglar sola con las tareas del hogar y, al menos para el extraño, parece no tener gran necesidad de un marido correcto. Hacia sus hijos se siente competente para combinar el papel de padre con el propio. Y al asumir esta función parental completa degrada al marido ante sus ojos, lo que aumenta su sentido de insuficiencia.

Como los que tratan al hombre alcohólico deben tenerlo a él como foco primario de interés, pueden ver a la esposa como un factor determinante o al menos agravante en la condición de su marido. Puesto que deben movilizar todos los recursos para lograr una mejoría del estado, es probable que se concentren en aquellas facetas de la conducta de la esposa que pueden exacerbar la bebida. Muchas mujeres consideran que sus maridos están recibiendo más atención de la que merecen, mientras que ellas están siendo descuidadas por los asistentes. Cuando sus maridos están bajo tratamiento, muchas mujeres sienten que el personal que brinda la terapia deduce que ellas son en parte culpables de la afección de sus maridos.

Si alguna de las partes merece ser criticada, la mujer considera que es su humillante marido por la forma en que la ha tratado. Un alcohólico puede hacer la vida imposible a su mujer. En un nivel más material, está gastando demasiado de su dinero y ella sabe dónde va a parar. Cuando ella protesta, él hace promesas pero las cosas siempre empeoran. ¿Cómo podrían prosperar si él se ve obligado a gastar más de £40 semanales en bebida? Beber media botella de whisky al día, aunque sea en la misma casa, cuesta más que eso. Por más que lo intente, la mujer no puede mantener el nivel de vida que desea y que siente que merece. Las deudas aumentan pero su marido no parece preocuparse: cuando planea ahorrar no recibe apoyo de su marido.

Ya tampoco puede confiar en él en el aspecto social. La mujer nunca sabe si vendrá a comer, y si prepara la comida es posible que tenga que tirarla. No puede hacer arreglos para ir a comer a casa de amigos porque es posible que él no esté dispuesto. No se atreve a invitar amigos a la casa porque es posible que él no esté sobrio. En resumen, no puede hacer planes, de modo que no le es posible una forma coherente de vida. Las mujeres de alcohólicos esperan. Esperan que sus maridos vuelvan a casa; esperan un accidente; esperan que sus maridos pierdan el empleo. Esperan una inevitable catástrofe.

La mujer es testigo de su conducta ebria, día tras día, semana tras semana, con creciente aversión. El no es totalmente consciente de lo que está haciendo. Es ella la que ve lo terribles que son algunas de sus acciones. En ocasiones se comporta grosera y brutalmente con ella. La mayor parte del tiempo, ella siente que es incapaz de una conducta decente. Su conducta siempre hiere, aunque la considere intencional de su parte o no. Ve que destruye insidiosa y progresivamente todo lo que ella había soñado y esperado de la vida. Es posible que tenga que soportar su violencia; de ningún modo todos los alcohólicos son violentos durante la embriaguez, pero pueden serlo. El puede sentir celos y acusarla de salir con otros hombres. Puede ser muy maltratada, física o mentalmente. Estas peleas, discusiones y actitudes violentas producen gran tensión en la familia.

Sus tentativas sexuales son rechazadas por la mujer a causa de su insensible torpeza. Lo que antes había tenido importancia emocional, ya no la tiene. El temor a quedar embarazada cuando su marido se encuentra en ese estado aumenta su aversión por las relaciones, que le parecen degradantes, tan sólo la satisfacción de su lujuria pasajera y vana.

No hay signos de compañerismo, calidez y comprensión por parte del marido. No hay oportunidad para el diálogo, de manera que ella no puede comunicarle sus pensamientos, experiencias y necesidades. Incluso en los momentos en que puede hacerlo, se pregunta si él podrá comprender, apreciar y responder. Se siente cada vez más solitaria; su vida es árida por la falta de afecto y la imposibilidad de expresar su ternura hacia él.

Una mujer puede prodigar a sus hijos su emoción no invertida, abrumándolos con excesivas demandas para compensar el déficit en su matrimonio y para que le den el afecto que no recibe de su marido. Los hijos no tienen la suficiente madurez para satisfacer esas presiones emocionales y su propio desarrollo puede dañarse por las presiones que se les imponen.

La mujer del alcohólico está confundida y no le es posible poner en perspectiva lo que ha sucedido en su vida. Se pregunta si ella misma lo ha causado. En ocasiones teme ser la responsable de que su marido beba. No puede decidir si él es insensible, si actúa en forma intencional o si está enfermo. No sabe si es más apropiado estar enojada o ser protectora. No sabe qué posición tomar frente al problema o a quién acudir por ayuda. Puede continuar así por largo tiempo, esperando en vano que su marido sólo esté pasando por un mal trance, que el desorden sea sólo temporal y que por sus propios esfuerzos logre controlar la bebida.

Gasta mucha de su energía encubriéndolo. Miente a los jefes de su marido acerca de sus llegadas tarde, sus ausencias y sus salidas del trabajo antes de la hora. Evita las averiguaciones perplejas de los vecinos o las expresiones no deseadas de conmiseración. Intenta, con menos éxito de lo que cree, ocultar a sus hijos los desaires que sufre y las peleas que sobrevienen. Sus padres comienzan a presionarla para que adopte una postura firme con él e incluso para que lo abandone, y ella está en conflicto entre su lealtad filial y su lealtad marital.

La mujer intenta poner en práctica lo que se denomina "remedios caseros", vanos procedimientos destinados a eliminar el licor disponible. Busca las botellas, las vacía en la pileta, las esconde; hace intentos de controlar el dinero, persuade a los comerciantes para que no concedan créditos. Toma decisiones, extrae promesas, pronuncia ultimátums. La mujer persiste en la inútil secuencia de súplica, discusión, hostilidad y odio porque todavía no comprende que, por mucho que su marido desee dejar de beber, sólo con ayuda externa especializada podrá abandonar el alcohol. Mientras tanto, la familia debe vivir entre peleas, terror, agresión física y desdén por parte de los vecinos. Es posible que la esposa ya no tolere más la angustia o que decida que por el bien de sus hijos debe abandonar a su marido.

Si llega a comprender que lo que afecta a su marido es una enfermedad, se le abre una nueva forma de tratar con los problemas. Deja de considerar a su marido responsable intencional de lo que le está haciendo y su afecto y comprensión natural hacia él ya no necesitan ser contenidos.

La mujer de un paciente le contaba al médico la conducta de su marido al beber, a la vez que se dirigía a este último, que estaba presente:

Una vez que comienza a beber nada de lo que se le dice tiene sentido para él. Hay una mirada imbécil en su cara. Estás en otro mundo. ¡Es una persona totalmente distinta! Dice disparates. Todo lo irrita. Tienes los defectos de todo el mundo encima de esos momentos. No creo que recuerdes lo que sucede y las cosas que dices. Una persona horrible, reprochable, completamente diferente. Una criatura horrible, algo así como Jekyll y

Hyde. Es como si su mente estuviera en blanco. No es que esté borracho: todo juicio parece haber desaparecido.

Es difícil llevarlo de una habitación a otra. Una trata de hacerlo entrar en la habitación para no tener que verlo. Me riñe. Una trata de que no se haga daño cuando se balancea con mucha violencia. No se puede razonar con él. Me dicen que lo que hago es inútil, que no hay remedio, me dicen que no soy capaz de afrontar la vida como es. Encuentro botellas en la habitación y le digo. El contesta: "No había botellas en la habitación". Dice que ya no bebe y encuentro una botella en la cama y otra debajo del asiento del coche. Entonces bebe champaña para celebrar que dejó de beber para siempre. Hay que vivir con esto para saber lo que significa. Dios mío, comprendo a las esposas que pasan por este trance. Ahora debo pensar en los niños: uno está disgustado con su padre; el otro no quiere acercársele.

Cuando la mujer terminó de hablar, el marido la miró y le dijo (de forma calmada): "Lo que quieres es que me encierren". La mujer no negó la hostilidad que sentía. Dijo débilmente: "Si dejara de verlo como una enfermedad, sería irremediable. Si pensara que él puede evitarlo, sería el fin".

La mujer que ha comprendido que el alcoholismo de su marido es una enfermedad puede orientar su propia vida con mayor seguridad, aun si su marido continúa bebiendo. En lo que respecta a sus sentimientos, es posible que todavía oscile entre la comprensión y el enojo. Pero ya no debe sentirse inútil, abrumada por el problema. Ahora puede acercarse a los recursos de la sociedad que pueden brindarle ayuda. Los profesionales están cada vez mejor informados sobre el problema del alcoholismo y las actitudes equivocadas del pasado están dando paso a mejores consejos hoy en día. De este modo, el médico, el ministro, el abogado o el trabajador social no necesita limitar su consejo a las reflexiones morales. El médico o la institución para tratamiento del alcoholismo pueden aconsejar un curso apropiado de acción e informar a la esposa qué tratamiento estará disponible. Pueden recomendarle que adopte un determinado enfoque si su marido está dispuesto a cooperar, pero si no lo está, igualmente pueden ayudarla a decidir qué hacer. Hay pocos médicos que hoy en día le digan a una mujer que su marido alcohólico no vale la pena y que la inciten a abandonarlo. Los clérigos están en condiciones de ofrecer consejos prácticos que se adecuen a las necesidades particulares, además de la oración y la fe que siempre han defendido. Los trabajadores sociales ya no dan consejos o soluciones drásticos preconcebidos sino que investigan con el cónyuge las circunstancias especiales del caso. Los miembros de estas profesiones de ayuda apreciarán que la mujer desee permanecer con su marido. Si está decidida a abandonarlo, no la critican. Si no sabe qué hacer, no tomarán la decisión por ella, pero la ayudarán a considerar las ventajas de cada conducta. Su decisión de separarse puede que no suponga la drástica ruina de su marido que ella teme. El hecho, o la amenaza, del abandono de la mujer puede preparar mejor al alcohólico para someterse a tratamiento. Un exceso de cuidado por parte de una esposa protectora, especialmente si la relación de dependencia ampara al alcohólico de lo que de otro modo serían las realidades de su dolencia, puede en la práctica hacer más difícil la aceptación de un tratamiento.

La inclusión de los miembros de la familia en el tratamiento del alcohólico ha sido práctica constante en muchos programas.[16] Cuanto más unido es el matrimonio, mejores son los resultados; la calidad de la interacción en el matrimonio es lo que mejor permite predecir el resultado.[17]

Los matrimonios de los alcohólicos a menudo se interrumpen por la separación y muchos terminan en divorcio. Tanto el alcohólico como su cónyuge pueden iniciar la separación, pero es generalmente este último quien lo hace, ya que el alcohólico tiene mucho más que perder que ganar si abandona el hogar. Si consideramos a alcohólicos varones, generalmente dejan el hogar en una etapa avanzada de la afección y a menudo es la esposa quien lo ocasiona, no el alcohólico. A veces su esposa lo abandona: se lleva a los niños y vuelve a la casa de su madre o a la de algún otro miembro de la familia. Lo hace porque ya no soporta la conducta ebria en la casa y la humillación de no poder salir o recibir la visita de amigos; lo hace para proteger a sus hijos de la repugnante vista de su padre y, último en orden pero no en importancia, lo hace para presionarlo a dejar de beber o a someterse a tratamiento.

A veces estas separaciones no duran mucho; la esposa cede a sus súplicas de que vuelva y a sus promesas de que cambiará. Cuando vuelve a caer en el hábito, a la mujer no le cuesta tanto decidirse a abandonarlo. Así es que a menudo hay varias separaciones. Por sí solas no indican que el matrimonio terminará. Es más probable que eso suceda cuando el esposo ha perdido el empleo o ha sido físicamente violento con su familia. Entonces la mujer llega a la conclusión de que el matrimonio no tiene remedio y toma la decisión de no volver nunca más. El hecho de que esta separación final llegue a los tribunales de divorcio depende de muchos factores externos.

Cuando la mujer permanece con su esposo puede no obstante albergar sentimientos intensamente dolorosos de resentimiento e ira hacia él. A veces no es plenamente consciente de esta hostilidad. Aunque no la exprese directamente puede usar a otros miembros de la familia para hacerlo.

Un alcohólico dejó de beber cuando se lo trató y, después de abandonar el hospital, volvió al trabajo y asistió regularmente a las sesiones semanales de psicoterapia grupal, en las que estaba explorando los problemas que tenía para relacionarse con los demás.

El padre de su esposa, que vivía con ellos, causaba irritación al paciente. El viejo rara vez se iba de la casa: se metía en todas las discusiones de la familia y les recordaba qué difícil había sido el alcohólico, las penurias que su hija había sufrido, los sufrimientos impuestos a los niños y cosas por el estilo. Cuando el paciente tuvo una recaída temporal se sintió avergonzado y abatido. A los reproches de su mujer se sumaron las predicciones funestas acerca de un inminente desastre por parte del viejo: todo era inútil, ya todo estaba perdido. El alcohólico bebió más, cogió píldoras para dormir del botiquín y tragó un gran número en presencia de su mujer y su suegro. Se sentó y gradualmente se fue adormeciendo. Cuando estuvo inconsciente el padre instó: "Déjalo". Tan sólo cuando su hijo de doce años volvió a casa, su madre fue inducida a llamar a un médico, que a su vez llamó a una ambulancia para llevar al hospital al hombre que para entonces estaba inconsciente.

Hay matrimonios en que la esposa del alcohólico enferma. Su enfermedad puede ser física o psicológica. Una de nuestras pacientes, después de que su marido borracho y criminal había abusado de ella, la había golpeado y se había marchado y sus dos hijas adolescentes le habían aconsejado, incomprensivas, que cerrara con llave la puerta para que no regresara y ellas mismas se habían marchado, se sentó y lloró. "Y después pensé: 'Al demonio con todos' y subí y tomé todas mis pastillas." Lo que pensó fue que todos seguían su camino en forma egoísta y nadie parecía querer ayudarla. Tenía razón.

A veces la enfermedad de la mujer, paradójicamente, sólo comienza cuando el marido deja de beber y los primeros síntomas aparecen cuando asume mayor responsabilidad en la familia. Cuando esto ocurre, se agrega una grave tensión al marido que a menudo pone en peligro su recuperación. Por suerte esto no es común. Un alcohólico se había recuperado satisfactoriamente gracias al tratamiento y había vuelto a asumir su papel en los asuntos familiares. Una hija soltera había quedado embarazada y cuando llegó el momento del parto estaba viviendo con una hermana casada. El paciente recuperado quiso acompañar a su mujer a visitar a su hija para apoyarla en ese difícil trance. Intentó convencer a su hija de que terminara la relación con el hombre responsable del embarazo. Logró transmitir su punto de vista, pero su esposa se peleó con la hija casada en cuya casa estaban. Como resultado, su hija la echó. En consecuencia, perdió la memoria y durante varios meses estuvo incapacitada a causa de un desorden psicológico de fluctuante severidad en el que no podía recordar cuántos hijos tenía ni sus edades; había momentos que tampoco sabía si estaba casada o no.

A pesar de las grandes cargas que se les impone, la mayoría de las mujeres permanece con sus maridos a través de largos años de desilusión, deuda y humillación; los ayudan enérgicamente a encontrar tratamiento, buscan consejo ellas mis-

123

mas para comprender cómo pueden haber contribuido a la dificultad de sus maridos y se alegran profundamente con la satisfacción y el orden que resulta cuando sus maridos abandonan la bebida.

LA FAMILIA DE LA MUJER ALCOHOLICA

Cuando la mujer es alcohólica, una carga mayor recae sobre el marido y los hijos mayores. Puede haber una diferencia importante: el marido lleva una vida social aparentemente normal cuando está fuera de la casa, en el trabajo. Tan sólo por la noche, cuando está cansado, tiene que afrontar los problemas de su hogar y las diatribas que llenan las horas antes de irse a dormir. Muchos maridos, al igual que muchas mujeres como hemos visto, soportan una vida así por bastante tiempo, particularmente en las familias de clase media. El marido lleva a los niños al colegio, mantiene la casa tan ordenada como puede, hace las compras y prepara la comida a menos que los hijos puedan hacerlo. A menudo surge una relación muy estrecha entre padre e hijos en estas circunstancias, con el fin de ocultar la situación a sus vecinos y brindarse apoyo mutuo. Los maridos cuya actitud general hacia la esposa es hostil y recriminatoria tienden a marcharse, de manera que la institución de tratamiento que encuentra una situación en que el marido todavía está viviendo con su mujer alcohólica generalmente puede contar con su colaboración.

Por otro lado, esos esposos rara vez aceptan que algo que hayan hecho, o dejado de hacer, algún rencor o falta de afecto hacia ellas pueda haber contribuido a determinar el alcoholismo de sus esposas. En consecuencia, son más reacios que las mujeres de hombres alcohólicos a sentir la necesidad de mantener conversaciones para comprender mejor las causas del alcoholismo de sus esposas.

Los posibles efectos genéticos de un padre alcohólico han sido considerados en el capítulo 6; aquí nos preocupan solamente los efectos familiares del alcoholismo.

Una madre competente puede suplir la mayoría de las carencias que resultan del alcoholismo del padre. Tan pronunciadas son las capacidades de las mujeres de los alcohólicos para cumplir los papeles propios de sus maridos, que los hijos por lo general no sufren privaciones materiales. Inevitablemente el desarrollo personal de los hijos de un alcohólico será anómalo, pero esto no implica necesariamente un desorden adulto. Por cierto, tendrán una actitud decidida hacia los bebedores y la bebida, ya sea que tiendan a beber en exceso o se opongan fuertemente a ello. Los hijos varones de alcohólicos con frecuencia se convierten en alcohólicos. Sus personalidades han sido etiquetadas como "pasivas-agresivas",[18] a menudo tienen serias dificultades para expresar impulsos agresivos y para saber qué hacer con sentimientos de irritación que surgen de situaciones frustrantes. Los hombres alcohólicos a menudo recalcan que han percibido a sus padres bebedores como miembros nebulosos de la familia, inaccesibles cuando se anhelaba su presencia. Esos hijos envidiaban a otros niños que estaban orgullosos de sus padres, que se interesaban en sus logros y jugaban con ellos.

El padre alcohólico está casi siempre ausente, siempre dispuesto a irrumpir en forma impredecible con conductas que incomodan o hieren a la familia. Los hijos rápidamente recogen señales de la madre que los llevan a despreciar a su padre y condenar sus valores y sus acciones. El hijo de un padre así nunca pierde el impacto que produjo en él el fracaso paterno. Un alcohólico nunca quería entrar en un hotel; no podía hacerlo por estar marcado por los recuerdos de repetidas humillaciones durante su adolescencia causadas por la conducta desinhibida y grosera de su padre hacia las camareras. Se sentía debilitado y despojado por no haber tenido nunca un padre que pudiera ser respetado.

El efecto de un padre alcohólico persiste toda la vida; su influencia es sutil y fuerte. Las actitudes se ven condicionadas por esto, ya sea que el individuo lo advierta o no. Hemos visto que la hija de un padre alcohólico a menudo se casará con un hombre pasivo, tal vez hasta con un alcohólico. Puede repetir el mismo patrón dos o tres veces. Un padre alcohólico proporciona un modelo de personalidad inservible.

En Suecia se compararon hijos de padres alcohólicos con niños similares de familias no alcohólicas.[19] Las edades oscilaban entre los cuatro y los doce años. Se había producido el divorcio o la separación en el 28% de las familias de alcohólicos y en el 4% de las familias de control. Una de las comparaciones tenía que ver con las visitas al hospital: el 24% de las familias de alcohólicos y una cifra similar, el 19% de los niños de familias de control, habían ido al hospital. Pero mientras que dos tercios de los niños de control tenían causas orgánicas que daban cuenta de sus síntomas físicos, esto era así sólo para una cuarta parte de los hijos de alcohólicos. La asistencia a clínicas infantiles por desórdenes psiquiátricos era la misma para los dos grupos de niños. Cuando se interrogaba a sus maestras, éstas indicaban que el 48% de los niños de familias de alcohólicos son niños con problemas, comparado con sólo el 10% de los hijos de hogares no alcohólicos. En otra investigación también citada anteriormente,[20] los hijos de alcohólicos (hecho que las maestras desconocían) eran menos estimados por la maestra que otros niños de la misma clase tomados al azar para la comparación.

La tensión en el niño no sólo se expresa en la forma de enfermedades y conducta anormal en la escuela sino también en relaciones perturbadas en la casa.

Los hijos de alcohólicos son particularmente proclives a tener desórdenes de conducta o comportamiento. En una investigación surgió que los hijos de alcohólicos se caracterizaban por los berrinches, la conducta destructiva y la hiperactividad.[21] Esos síntomas eran más frecuentes en las familias donde la violencia había sido prominente. Se ha encontrado que los hijos de alcohólicos tienen especial dificultad en hacer amigos.[22] Como ya hemos mencionado, corren el riesgo de caer en el alcoholismo en la vida adulta.

Cuando el padre es alcohólico se establece una relación intensificada entre los hijos y su madre; es posible que ella se transforme inconscientemente en la receptora de los sentimientos hostiles y resentidos que la situación familiar total ha engendrado en los hijos. Al tener que mantener a la familia por sí sola, la madre se ve obligada a descuidar alguna de sus otras funciones. Nylander descubrió que los hijos de alcohólicos que eran internados para cuidado psiquiátrico parecían tener más problemas con sus madres que con sus padres.

El efecto que produce sobre el niño un padre alcohólico se ve considerablemente reducido si la madre es capaz de darle una explicación compasiva de la afección en términos de enfermedad. Esto permite al niño comprender por qué su padre falla tan brutalmente en su papel paterno o, si se trata de una mujer alcohólica, en su papel materno, y así se resguarda al niño de algunos de los efectos dañinos que resultan cuando uno de los padres es visto con desprecio. No cabe duda de que cuando se sabe que un padre es alcohólico la familia entera está bajo presión y en riesgo, y se necesita ayuda para aliviar la tensión de los miembros de la familia además del cuidado que se brinda al alcohólico. No deseamos, sin embargo, dejar la impresión de que a los hijos de alcohólicos les irá inevitablemente mal. Como ya hemos dicho, los efectos de tener un padre alcohólico persisten toda la vida; no obstante, la mayoría de los hijos de alcohólicos supera estas dificultades y realiza un ajuste adecuado.

10
El tratamiento

CONSIDERACIONES GENERALES

El tratamiento del alcohólico requiere un gran esfuerzo. Sin embargo, no es una cuestión complicada. Se ha extendido el mito de que es tan difícil que sólo pueden llevarlo a cabo los expertos, ya sean médicos o aquellos que pertenecen a otras profesiones de la salud, o bien asociaciones especialistas de autoayuda como Alcohólicos Anónimos. Es verdad que algunos alcohólicos, debido a sus circunstancias físicas, psicológicas o sociales especiales, requieren servicio experto; sin embargo, la mayoría de los alcohólicos pueden ser tratados con buenos resultados por personas que están dispuestas a brindar su tiempo, interés y preocupación a los alcohólicos y tienen la intención de seguir el tratamiento hasta el final, aunque no hayan recibido entrenamiento especial en la materia. Tampoco es necesario enviar al alcohólico a algún lugar especial para el tratamiento. Sólo una pequeña minoría necesita ser internada para recibir tratamiento. En consecuencia, dentro del contexto de la medicina es perfectamente posible que un médico clínico trate a sus pacientes alcohólicos; de igual modo, los trabajadores sociales, las enfermeras y los psicólogos clínicos, sujetos a lo que luego diremos sobre la necesidad de examen médico, pueden tratar al alcohólico en forma satisfactoria y con éxito. La creencia engañosa de que sólo un experto en alcoholismo puede ayudar al alcohólico es perjudicial. No es verdad, y mejor así, ya que los servicios especialistas existen tan sólo en número suficiente como para tratar con los problemas difíciles a los que ya nos referimos.

Antes de que comience el tratamiento debe haber un reconocimiento de que la dolencia existe y, además, debe persuadirse al individuo de que el tratamiento está disponible y de que lo necesita.

Casi invariablemente, los alcohólicos mismos han reconocido su problema, aunque no hayan deseado hacerlo. Pueden negarlo rotundamente cuando otros los desafían (aunque a menudo esto aparece como un alivio), pero hay pocos alcohólicos que no advierten que están bebiendo en exceso y que eso los daña. Aborrecen la palabra *alcohólico*, pero aceptan el problema.

En este sentido es probable que vayan más allá que sus consejeros médicos. Creemos que otros profesionales, los trabajadores sociales, los agentes judiciales de vigilancia, las enfermeras, los visitadores de salud, los psicólogos, que se enfrentan con alcoholismo en sus clientes también pueden fallar en el reconocimiento del problema, pero nuestra información es principalmente acerca de los miembros de la profesión médica.

La práctica general como promedio contendrá alrededor de treinta alcohólicos. Sólo la décima parte de éstos son reconocidos como tales por sus médicos aunque se los conoce como individuos enfermos.[23] Owens[24] estudió admisiones al azar a pabellones médicos masculinos en los cuatro hospitales generales más importantes de Manchester. Investigó en detalle tanto la bebida como los daños. Según su criterio, el 18% de estas admisiones era de alcohólicos y en dos tercios de los casos el alcohol había influido en la etiología de su enfermedad médica. La enfermedad gastroenterológica y la sobredosis de droga eran los principales desórdenes clínicos. El personal médico era consciente del alcoholismo sólo en la mitad de estos pacientes y, cuando lo sabían, el indicador no era la agudeza clínica sino la historia del tratamiento de esa afección del paciente.

Jariwalla y sus colaboradores[25] divulgaron un estudio llevado a cabo en la Enfermería Real de Manchester que no hace más que apoyar el trabajo de Owens; lo mismo sucede con los estudios de Jarman y Kellett.[26] En el 27% de las internaciones médicas agudas, el alcohol fue considerado un factor relevante y esto se aplicaba también al 16% de los pacientes con enfermedades físicas, es decir, excluidas las sobredosis. ¿Hay alguna otra afección médica tan frecuente en ocurrencia, tan grave en sus consecuencias y tan potencialmente susceptible al tratamiento que los médicos no logren diagnosticar ni siquiera la mitad de las veces que deberían hacerlo?

Los médicos necesitan reconocer el alcoholismo y deberían aprender cómo detectarlo. Deberían saber cómo sonsacar un historial alcohólico y cómo investigar los daños del alcohol. La detección se realiza mejor en forma clínica, sin embargo Barrison y otros[27] descubrieron que los médicos no investigaban los historiales de sus pacientes ni siquiera cuando su conocimiento médico les indicaba con seguridad la necesidad de hacerlo. Será un alivio para los clínicos saber que las dificultades de diagnóstico pueden superarse a través de estrategias clínicas fáciles de aprender. No obstante, en una conferencia llevada a cabo en 1986 por el Departamento de Salud,[28] cinco especialistas médicos independientes recién designados (un médico general, un médico de la comunidad y tres consultores de hospital, incluyendo un psiquiatra) coincidieron en que no habían recibido casi educación sobre el alcoholismo en sus cursos de posgrado y, en consecuencia, se habían sentido incapaces de tratar a alcohólicos cuando tuvieron necesidad de ello. Aprendieron con posterioridad. Aún quedan tareas educacionales importantes para los médicos y tal vez para los miembros de otros grupos profesionales.

Una de las razones por las cuales el alcoholismo no se detecta es que los médicos no quieren entrar en una discusión que temen acabará en la crítica de sus pacientes. Sin embargo es su obligación y no deben eludirla. Lo mismo se aplica a los otros profesionales que hemos mencionado y se aplica aún más a los patrones, gerentes de personal, amigos y miembros de la familia. Es el primer paso para persuadir al alcohólico de que acepte someterse a tratamiento.

A veces es correcto aplicar cierto grado de presión. Esto puede hacerse explicando detalladamente las consecuencias sociales o médicas, pero el elemento más importante en la persuasión es señalarle al alcohólico que cuenta con ayuda disponible, decirle claramente cómo y dónde encontrarla y también que el tratamiento puede ser efectivo. Otro rasgo muy positivo en la persuasión es permitir que el alcohólico sepa que no se lo está juzgando sino que se lo apoya y que ese apoyo continuará.

EL PLAN DE TRATAMIENTO

El primer elemento en el tratamiento es la formulación de un plan terapéutico. El plan y el objetivo deben estar hechos a medida para adecuarse a las circunstancias del paciente. Una y otra vez la causa de que el tratamiento fracase resulta ser la falta de acuerdo en el objetivo. Por ejemplo, a las unidades de tratamiento del alcoholismo les agrada tratar de inducir a sus pacientes a que sean abstinentes. Esto puede ser apropiado para muchos alcohólicos, sin embargo para los que están en etapas avanzadas, con daño físico y cerebral e incapacidad para el trabajo, el objetivo apropiado puede ser tan sólo impedir un deterioro mayor y asegurar un techo sobre sus cabezas. Necesitan alimentos y un hogar, mucho más que ayuda para dejar de beber. No van a abandonar la bebida. Con demasiada frecuencia hemos observado el desarrollo de una posición de apartamiento cuando el médico le pide al alcohólico que lleve a cabo un régimen para producir abstinencia y luego acusa al alcohólico (eso es lo que parece a menudo) de oposición a cooperar. De ahí a que el alcohólico sea rechazado del tratamiento hay sólo un pequeño paso. Los profesionales que tratan a alcohólicos deben ser flexibles en sus objetivos y discutirlos con sus pacientes buscando llegar a un acuerdo en el que ambos se esfuerzan en lograr. El acuerdo sobre el objetivo del tratamiento los pondrá a mitad de camino en la ruta del éxito. No se debería simplemente decir al paciente alcohólico: "Este es el programa que ofrecemos", y después culparlo por no estar preparado o dispuesto para cumplirlo. Podemos concluir esta afirmación introductoria diciendo que todos los miembros del equipo que toma a su cargo el tratamiento deberían trabajar con un propósito común, y eso incluye al paciente.

La formulación de un objetivo de tratamiento y del plan para hacerlo efectivo requiere una evaluación detallada de la situación. Esto implica obtener un historial de bebida minucioso y saber qué consecuencias del alcoholismo ha sufrido el paciente. En la evaluación deben tenerse en cuenta los factores que condujeron a la bebida excesiva y las circunstancias de vida actuales del paciente. Estas incluyen el alcance de sus apoyos sociales, la posición financiera y el estado físico y mental. Por lo tanto, debe haber un examen médico detallado que incluya un examen psicológico. Por esta razón insistimos en que, si bien algunas personas que no son médicos pueden estar capacitadas para tratar a los alcohólicos, nunca deberían embarcarse en el tratamiento sin que un médico haya examinado al paciente, llevando a cabo investigaciones médicas y psicológicas de ser necesario, y así llegar a una conclusión con respecto a su estado médico. Una vez hecho esto, el alcohólico estará seguro, aun cuando el tratamiento se lleve a cabo por personal no médico. Esta regla se aplica a todos los alcohólicos cualquiera que sea la etapa de su enfermedad.

El descuido del examen médico es una gran negligencia. Otra información que es preciso recoger tiene que ver con las enfermedades pasadas, físicas y mentales, la historia de la familia y cualquier intento pasado de abandonar o limitar la bebida, ya sea espontáneo o como resultado de un tratamiento.

Al trazar el programa del tratamiento debe tenerse en cuenta que la bebida puede ser el único medio que el alcohólico ha encontrado para hacer frente a los problemas de la vida. Por lo general, los alcohólicos saben muy bien el daño que el alcohol les está causando, pero sienten que sin él no pueden salir adelante. Si éste es el caso entonces no será suficiente tan sólo separarlos de la bebida, ya que cuando deban enfrentarse nuevamente a sus problemas estarán desprovistos de todo medio que no sea recurrir a la botella una vez más. En consecuencia, no será suficiente que el tratamiento se limite a privar al alcohólico del alcohol. Los alcohólicos necesitan apoyo para poder afrontar sus problemas en forma más efectiva y debe intentarse reducir los problemas, si esto es posible. Sin duda, deberíamos ir más allá y fortalecer al alcohólico para que sea capaz de solucionar sus problemas sin ayuda, o al menos sin tener que depender constantemente del tratamiento; el apoyo de su familia y amigos bien puede ser, por supuesto, un recurso constante para ellos.

Ahora comenzamos a ver la fuerza del modelo de causa hombre-problema-recurso que ya hemos considerado. Cualquiera de estos tres elementos, o los tres, deberá ser considerado en un programa de tratamiento completo.

La abstinencia del alcohol: la desintoxicación

El recurso, el alcohol mismo, es el más fácil de tratar. A pesar de que el paciente es físicamente dependiente del alcohol es una cuestión relativamente simple lograr la abstinencia del alcohol, proceso que se denomina *desintoxicación*. Muchos pacientes lo atraviesan sin experimentar ninguno de los efectos graves de la abstinencia que ya hemos descrito, y, si aparecen, por lo general se limitan a "los temblores". No siempre se requiere medicación, ya sea como tratamiento o como profilaxis. Sin embargo, si el paciente ya ha experimentado síntomas de abstinencia, o si surgen y son inquietantes, la medicación puede suprimirlos con rapidez y efectividad. Se utilizan los tranquilizantes, pero sólo durante períodos cortos. En general se utiliza un tranquilizante menor como clordiazepóxida (Librium) o un tranquilizante mayor, clormetiazol

(Heminevrin), el más utilizado porque produce menos daño al hígado. Los medicamentos pueden ser ingeridos por vía oral pero, si hay urgencia, es posible administrarlos por inyección. En general, el proceso de desintoxicación dura de uno a cinco días; sin embargo, si es necesario suprimir síntomas de abstinencia graves, estas medicinas pueden continuar hasta durante quince días.

Solía pensarse que todo alcohólico de larga duración era tan propenso a desarrollar síntomas de abstinencia alarmantes que se debía suministrar en forma rutinaria una medicación que los suprimiera. No obstante, uno de los hallazgos, producto del trabajo en los centros de desintoxicación, es que la mayoría de los alcohólicos puede arreglárselas sin medicación.[29] Sin embargo, como los síntomas de abstinencia pueden ser desagradables, no hay justificación para negar la medicación si es necesaria.

La desintoxicación se ocupa de la eliminación inmediata del alcohol del cuerpo y a menudo coincide con el comienzo del tratamiento. Se tratarán los principios de la desintoxicación más adelante, en este capítulo, cuando se describan los centros de desintoxicación. Muchos alcohólicos, sin embargo, se desintoxican en sus propias casas. Como alternativa puede tener lugar en los hospitales generales o en unidades psiquiátricas.

Impedir que la bebida comience una vez más

Se puede suministrar disulfiram y cianamida cálcica a los pacientes que ya no beben, para reducir la probabilidad de que comiencen nuevamente. Estas dos preparaciones son químicamente diferentes, pero en el cuerpo actúan en forma idéntica. El objetivo es hacer que la experiencia de beber alcohol sea desagradable, lo cual se logra interfiriendo con la forma en que el cuerpo procesa el alcohol. Cuando el alcohol se metaboliza se transforma en dióxido de carbono y agua. En una etapa intermedia, en este proceso químico se forma una sustancia tóxica, el acetaldehído, pero se descompone tan rápidamente que no se sienten efectos nocivos. La acción de disulfiram o cianamida cálcica consiste en demorar la descomposición del acetaldehído de modo que, cuando una persona bebe, aumenta el nivel en la sangre. El acetaldehído acumulado provoca una secuencia de sensaciones físicas que cada paciente aprende por sí mismo.

El primer síntoma que aparece en la reacción alcohol-disulfiram es un rubor y acaloramiento de la cara. Entonces se siente un fuerte latido en la sien y se acelera el ritmo cardíaco. Por lo general se produce dolor de cabeza. Otro efecto común es la dificultad para respirar, como si hubiese alguna obstrucción en la tráquea; puede presentarse catarro o una sensación de ahogo. El paciente se vuelve incómodamente consciente de su respiración porque debe realizar un esfuerzo mayor para inhalar el aire que necesita. La reacción está generalmente acompañada de ansiedad, que es tal vez un efecto directo del acetaldehído en la circulación.

Los pacientes aprenden cuál es su respuesta particular a través de una reacción de prueba proporcionada por el médico. Nadie debería tomar disulfiram sin haber pasado por esa prueba. Su propósito es doble: mostrar a los pacientes qué es lo que deben esperar, y permitir al doctor cortar la reacción si es demasiado severa. La prueba se pone en práctica de la siguiente forma: los pacientes toman una dosis todas las mañanas por lo menos durante tres días y se les da una pequeña dosis de bebida alcohólica o una cantidad equivalente de la bebida que habitualmente consumen. La reacción comienza diez minutos después de ingerido el alcohol y dura alrededor de una hora. Rara vez es alarmante, pero de ser así puede cortarse con rapidez. Si la reacción a la prueba es tan severa que esto se hace necesario, no es aconsejable continuar ni con disulfiram ni con cianamida cálcica. El propósito de la prueba no es asustar al paciente (éste no es de ningún modo un tratamiento de "aversión") sino enseñarle, a través de la experiencia personal, cómo utilizar disulfiram para dejar de beber. Una vez que la prueba ha sido completada a satisfacción, los pacientes toman su dosis todos los días. De este modo ellos mismos evitan beber porque saben que el alcohol ya no tendrá un efecto agradable.

Los efectos del disulfiram aparecen si se ha tomado alcohol durante los tres días siguientes a la ingestión de una dosis. Una vez que este período ha pasado y la droga ha sido completamente eliminada del sistema, ya no aparecerán más reacciones adversas con la bebida. El tratamiento funciona mejor si la dosis se toma todos los días a la misma hora, al establecer así una rutina. La mañana es mejor, porque la tentación de beber es generalmente menor a esa hora. El frasco de comprimidos debería estar invariablemente con el cepillo de dientes o sobre la mesa de desayuno, de modo que el medicamento se tome sin deliberación o debate interno. A menudo ayuda si el cónyuge, comprensivamente, toma también su cuota diaria de comprimidos. A los que están en contra de confiar en una pastilla más que en la fuerza de voluntad, los alcohólicos que han encontrado en el disulfiram una gran ayuda les responden que utilizan su fuerza de voluntad para recordar que deben tomar el comprimido todas las mañanas.

Los que más beneficio reciben del disulfiram o la cianamida cálcica son aquellos alcohólicos que siguen experimentando una fuerte ansia de alcohol, aun muchos meses después de volverse abstinentes. Subrayan, elocuentemente, que regularmente sienten un deseo muy fuerte de beber. Para ellos el disulfiram o la cianamida cálcica les proporciona una especie de seguridad química. El valor de un régimen de disulfiram para los alcohólicos abstemios es que si se les presentara una crisis y se vieran tentados a resolverla mediante la bebida, no podrían hacerlo sin esperar tres días hasta que la droga fuera eliminada del cuerpo. Para entonces la crisis ya habría pasado o podrían haber dado los pasos necesarios para controlarla, y entonces deciden volver a tomar el comprimido en lugar de volcarse una vez más al alcohol. En las etapas tempranas del tratamiento, los pacientes pueden confiar mucho en disulfiram porque no creen que sea posible que se mantengan abstemios por sus propios esfuerzos. Sienten que no pueden comprometerse a abandonar el alcohol para siempre y por eso les tranquiliza saber que, al menos por un tiempo, les es imposible beber. Paradójicamente, en el caso de aquellos que continúan considerando que los problemas de la vida son en apariencia insolubles, la certeza de que con sólo dejar el disulfiram por tres días podrían volver a beber, si ese alivio se volviera imperativo, es muy tranquilizadora.

En ocasiones, incluso si el paciente no bebe, el disulfiram o la cianamida cálcica pueden producir efectos levemente desagradables en ciertos individuos que son hipersensibles. El más común es un gusto metálico en la boca, pero otros incluyen sarpullido, estado de letargo, dolor de cabeza, malestar estomacal y, rara vez, un estado de confusión. Tales reacciones, aunque infrecuentes, son otra razón por la que la droga debe ser utilizada bajo supervisión médica experimentada. En tales casos, vale la pena probar con cianamida cálcica si se utilizaba disulfiram o viceversa. La experiencia con largos tratamientos de disulfiram ha sido muy negativa.

El disulfiram o la cianamida cálcica, usados correctamente, reducen la probabilidad de la bebida impulsiva. Sin embargo, no son más que una parte de un programa de tratamiento completo; aun así, para muchos pacientes pueden ser salvadores. Estas personas consideran que sólo su dosis diaria de disulfiram se interpone entre su sobriedad actual y una recaída en la bebida descontrolada. Al haber ingerido la dosis han tomado su decisión del día. En un momento en que la tentación es menor, se han protegido contra el ansia que puede surgir más tarde, por ejemplo el aroma de otro modo avasallador que flota hacia ellos desde la puerta abierta de un bar cuando van por la calle.

No puede decirse a ciencia cierta por cuánto tiempo continuará la ingestión automática de disulfiram. Es mejor que la decisión la tomen el médico y el paciente de común acuerdo. Algunos abandonan el comprimido rápidamente y continúan bien. Tal vez no sea conveniente dejarlo en menos de seis meses y algunos pacientes continúan cómodamente de por vida. A menudo la discusión pone en evidencia que el paciente siente deseos de abandonar la ingestión de disulfiram en momentos de particular presión, tales como problemas en el trabajo o desequilibrios en una relación personal. Por supuesto que éste es justo el momento de no dejarlo. Es importante asegurarse de que la decisión del paciente de abandonar la medicación no coincide con su consideración de volver a la bebida social. Por supuesto que tienen derecho a intentarlo, pero es necesaria una discusión completa con el médico para que comprendan lo escasas que son las oportunidades.

No hay justificación para pensar que sólo los débiles requieren disulfiram y que usarlo es confiar en una muleta. El alcoholismo de cada paciente es una cuestión individual. Algunos de los alcohólicos que eligen confiar en el disulfiram se cuentan entre los pacientes más resueltos que he conocido. Consideran que el disulfiram es un descubrimiento médico importante (sólo desean que se descubra una droga que reduzca la molestia del ansia). Utilizan la analogía de que, si uno tuviera que entrar en un país infectado por la malaria, con seguridad tomaría la medicación profiláctica. Para ellos, salir a la calle es arriesgarse en territorio peligroso.

Dado que el disulfiram y la cianamida cálcica son fáciles de adquirir, es necesario hacer tres advertencias. No es aconsejable, y puede resultar extremadamente peligroso, comenzar a tomar disulfiram sin un examen físico previo y sin una reacción de prueba controlada por el médico. Después de haber tomado varias copas, no es seguro ingerir disulfiram hasta que no se haya eliminado el alcohol del cuerpo; generalmente implica esperar veinticuatro horas después de la última copa. Por último, el alcohólico debe saber que está bajo tratamiento médico; hacer lo que algunos han hecho, es decir, darle disulfiram a alguien en forma clandestina no sólo es erróneo sino también peligroso. Bajo ninguna circunstancia debe darse disulfiram a alguien, alcohólico o no, sin indicación médica.

En el momento en que la mayoría de los alcohólicos están dispuestos a aceptar ayuda, por lo general se encuentran en algún tipo de problema social, en relación con su familia y amigos, con el trabajo, con la ley, con deudas, etc. Los modelos de círculo vicioso que hemos usado demuestran que, a más bebida, mayores problemas y también que, a mayores problemas, mayor será el impulso del paciente a beber. A menudo se necesita una intervención activa para romper este círculo. Los alcohólicos sienten que los problemas son abrumadores. No encuentran salida. Lo primero que hay que hacer es disponer estos problemas en algún orden de prioridad: cuáles son los más apremiantes y cuáles pueden esperar. Si se ayuda al alcohólico a resolverlos uno por uno, la tarea puede comenzar a cobrar sentido. Entonces a menudo es posible efectuar una mejora. Se puede inducir a los deudores a no ser tan insistentes, y a las cónyuges a criticar menos y ayudar más. Para esto se necesita a alguien que hable con el cónyuge y le explique cómo están las cosas. En esa charla es importante apreciar las dificultades del cónyuge y a la vez explicarle el problema desde el punto de vista del alcohólico. El cónyuge que sufre puede no haber comprendido que el alcohólico también está sufriendo, que no sólo ha cedido a la autoindulgencia. Por encima de todas las cosas, el cónyuge necesita saber que puede ser útil, una ayuda positiva y sin duda esencial para hacer que el alcohólico vuelva a la normalidad. Del mismo modo, puede ser necesario acercarse a la policía o a la magistratura, normalmente por medio del servicio de libertad condicional. Por lo general, siempre y cuando no se haya cometido un delito grave, la ley se alegra de saber que una entidad de tratamiento está actuando en el caso, e intenta hacerse cargo de la situación. Tanto la policía como los juzgados saben que ni las multas ni los encarcelamientos benefician la situación. Si el empleo del alcohólico está amenazado, puede ser útil, aunque sólo con el permiso del paciente, acercarse al patrón o al jefe de personal para asegurarle que se está trabajando para estabilizar la situación.

Llevar a cabo estos pasos tan esenciales entra en la competencia del trabajador social, que puede, de ser necesario, acercarse directamente a la gente en beneficio del paciente, pero a la vez persuadirlo a que, con ayuda, haga todo lo que pueda por sí solo. La intervención del trabajador social con el cónyuge también es crucial en el tratamiento.

El paciente

La parte final de la tríada del tratamiento consiste en trabajar sobre el paciente mismo. El aspecto más simple es atender cualquier incapacidad física que se presente. Tal tratamiento es directamente una responsabilidad médica. Implica considerar la nutrición general de los pacientes y la reposición de cualquier vitamina que falte. Es posible que deba tratarse una anemia y enfermedades específicas del sistema nervioso (incluyendo el cerebro), el hígado, el estómago y el corazón. Estas son las partes del cuerpo principalmente afectadas. Por desgracia, no siempre es posible devolver cada uno de estos órganos a su estado de buena salud. Casi nunca puede hacerse, a menos que el paciente deje de beber y esto le puede resultar particularmente difícil una vez que ha sobrevenido la enfermedad física.

La parte más compleja del tratamiento es efectuar cambios en las personalidades de los pacientes, de modo que se refuerce su habilidad para manejar los problemas sociales o para sobreponerse a las enfermedades psicológicas que se han presentado al comienzo del alcoholismo. Aun así, no debería pensarse que este proceso es tan difícil que sólo puede llevarse a cabo por expertos. Los principios que subyacen al tratamiento son: primero, aceptar y no juzgar; segundo, animar a los alcohólicos a discutir abiertamente sus problemas, ansiedades y temores y observar, de ser necesario en forma crítica, su propia conducta; tercero, permitirles que se vean no como personas despreciables e indignas sino valiosas tanto para sí mismos como para los demás, fomentar en ellos un grado de autorrespeto y, por último, brindarles ayuda tanto tiempo como la necesiten. Cada uno de estos aspectos es necesario y demanda del asistente esa conjunción de habilidad y competencia desapasionada y compasiva que revela profesionalismo.

La psicoterapia

Esta clase de tratamiento, que implica discusión entre el paciente y el terapeuta (de cualquier medio profesional) se denomina *psicoterapia*. Requiere tanto el tiempo, como las emociones del terapeuta. Exige ecuanimidad de enfoque: no ser ni crítico ni demasiado compasivo. Tal enfoque, sin embargo, debería ser parte de los recursos terapéuticos de todos los médicos, trabajadores sociales y enfermeras, especialmente de aquellos cuyo trabajo se relaciona con el tratamiento de alcohólicos. Los psicólogos clínicos pueden ofrecer técnicas psicoterapéuticas especiales, tales como la terapia de conducta para corregir el condicionamiento defectuoso y el aprendizaje inadaptado; cuando el alcoholismo es consecuencia de la psiconeurosis o el desorden de la personalidad, el psicoanálisis o alguna otra forma de psicoterapia de penetración intensiva pueden ser plenamente justificados.

La psicoterapia puede ser individual, es decir, con sólo un paciente y un terapeuta presentes o puede brindarse simultáneamente a un grupo de pacientes. A veces la psicoterapia individual puede ayudar a superar la timidez de los pacientes cuya autoestima es especialmente baja al principio. Puede concentrarse en brindarles una comprensión de las razones psicológicas por las que no pueden manejar ciertas situaciones recurrentes de la vida. Puede ayudarlos a comprender sus ansiedades, a apreciar lo nocivo que es el recurso del alcohol y a desarrollar nuevas fuerzas psicológicas que las disipen o las venzan. Con frecuencia logran penetrar en su constitución psicológica personal durante el proceso.

Las sesiones pueden durar entre quince y cincuenta minutos y se llevan a cabo semanalmente o con mayor frecuencia. La atmósfera durante cada entrevista debe ser lo más alentadora posible; el paciente a menudo sufrirá gran angustia cuando hable de sus experiencias atormentadoras. Los detalles reales del ambiente, el ritmo y la frecuencia deben depender, desde luego, de las circunstancias individuales del paciente y, en cierta medida, de la disponibilidad de tiempo del terapeuta y del tipo de psicoterapia que elige adoptar.

La terapia de grupo

La terapia de grupo es muy defendida en el tratamiento de alcohólicos porque se ha comprobado que es más aceptable para los pacientes e igualmente efectiva.

Los miembros de un grupo de tratamiento, generalmente entre seis y diez alcohólicos, se reúnen con un psiquiatra para sesiones de una hora y media por semana durante alrededor de un año. El psiquiatra que ha elegido pacientes que considera aptos para formar un grupo particular conduce las reuniones de forma que produce interacciones grupales que ocasionan cambios en la personalidad.

Una sesión de grupo consiste en las descripciones por parte de los miembros de sus experiencias recientes; cada uno habla como desea y contribuye a la discusión cuando considera que tiene una idea.

A medida que pasan las semanas, los miembros del grupo comunican y aúnan sus experiencias; se registran los pequeños triunfos y se comparten los desastres, no sólo con interesada atención sino también con responsable interés, ya que la derrota de cualquiera de los miembros es totalmente comprendida e incluso pudo haber sido anticipada. Cuando un miembro tiene una recaída y comienza a beber, se ponen a prueba las habilidades desarrolladas por el grupo; la comprensión, la firmeza para llegar a decisiones sólidas y la habilidad para comunicarlas a menudo ayudan al miembro bebedor a recuperar la sobriedad sin incurrir en daños graves.

Los alcohólicos en un grupo son capaces de intentar nuevas formas de acercarse a la gente, seguros de que las reacciones de sus compañeros de grupo, ya sean estimatorias o críticas, jamás serán despectivas o humillantes. Debido a su experiencia personal de la enfermedad pueden decirse cosas que no tolerarían oír de parte de no-alcohólicos. Más aún, saben que el terapeuta que conduce el grupo controlará el desarrollo de las emociones individuales o grupales demasiado amenazadoras o destructivas para que los miembros mismos las manejen. El terapeuta entrenado en métodos de grupo conduce las sesiones de forma que pueda fomentar interacciones terapéuticas y asegurar que los desarrollos nocivos se reconozcan a tiempo y puedan detenerse y neutralizarse de inmediato. Su papel no es dominar al grupo ni dar consejos. El grupo se abre paso en forma colectiva entre los conflictos de opinión entre los miembros y los otros problemas que surgen, como preocupaciones privadas que se desvelan y discuten.

A medida que van adquiriendo mayor autoconfianza, los alcohólicos retraídos descubren que expresarse con fuerza no implica las catástrofes que antes habían temido. De este modo los pacientes aprenden a comprender los motivos de su conducta y desarrollan formas de modificarlas cuando no son realistas y, así, aumentan enormemente las posibilidades de mantenerse abstinentes en el futuro, aun cuando surjan dificultades.

Un ex contable en un grupo encontró empleo como cronometrador en una obra en construcción. Se había encargado de comunicar a sus superiores su problema de alcoholismo. Su capataz le dijo que marcara como presente a un hombre a quien estaba mandando a otro lugar en forma ilícita. Esto sucedió varias veces. El paciente discutió su problema en el grupo de tratamiento. En su opinión, debía negarse, pero estaba seguro de que su capataz haría que perdiera el empleo que tanto le había costado conseguir. Los miembros del grupo estuvieron de acuerdo en que estaban ante un problema desconcertante; aunque los miembros individuales ofrecieron distintos consejos, el consenso fue que debía hacer lo que el capataz le ordenaba. El hizo lo contrario. Su rebelión en contra del grupo fue un ensayo para la rebelión contra el capataz. Le dijo que no se sentía bien al dar el presente al trabajador ausente. El capataz le dijo en forma amenazadora: "Haz lo que te ordeno". Obedeció de mala gana, pero su protesta logró buenos resultados. El capataz ya nunca volvió a pedirle que fuera deshonesto. Este logro le dio la confianza que necesitaba para decirles a sus superiores que en realidad era capaz de realizar un trabajo más exigente.

Durante el transcurso de una sesión de grupo, se enfocan los problemas que surjan de una situación reciente relatada por uno de los miembros, que también dirá cómo reaccionó ante la misma. Así se transforma en tema de discusión y se lo trabaja en todos sus aspectos. Un paciente describió una recaída en la bebida: "Caí la semana pasada. Tengo problemas con mi hija. Había terminado mi disulfiram y mi intención era conseguir más en la reunión de la semana pasada". Dijo que su esposa le había pedido que reprendiera a su hija. Al principio lo había apoyado cuando comenzó a regañar a la niña pero luego, "como hace siempre que piensa que soy demasiado severo con los niños, mi esposa se puso del lado de mi hija. No pude soportarlo. Me fui, tomé un par de whiskies y volví a casa a continuar la riña".

El señor Peel dijo que también tenía problemas con sus hijos porque no sabía cómo tratarlos.

El señor Fox dijo: "Es imposible mandar a los jóvenes hoy en día. Piensan por sí mismos. No se los puede atar, especialmente a las niñas".

El señor Walpole, el orador original, no pudo aceptarlo: "No voy a tolerarlo. Si vuelve tarde a casa otra vez, encontrará la puerta cerrada". El señor Fox preguntó "¿Qué derecho tenemos de juzgar a nuestros hijos?", y el grupo pasó a considerar, algunos por primera vez, cómo sus hijos podían comprensiblemente confundirse al no saber qué valor otorgarles a las advertencias y controles ejercidos por un padre que hasta hace poco tiempo había estado produciendo desórdenes a causa de la bebida.

El señor Walpole admitió reflexivamente que su hija se había preocupado por él cuando bebía. "Pero un padre *debe* ejercer control. Una vez que dejas que tus hijos te pasen por encima, estás muerto."

El grupo continuó discutiendo la posición del padre alcohólico. "Cuando bebías no importaba a qué hora volvía tu hija. La niña piensa: 'Antes no le importaba, ¿por qué se preocupa ahora?'." Le insistieron, al señor Walpole, que tratar a su hija en forma agresiva no funcionaría. "Si te pones pesado, simplemente se irá." Otro miembro, la señora Holland, introdujo una nota nueva cuando habló de su propia juventud. "A los dieciséis solía volver tarde." Dijo que, al igual que la esposa del señor Walpole, "quiero que mi marido castigue a nuestros hijos cuando se portan mal, pero cuando lo hace me pongo en su contra". Varios hombres dijeron entonces que sus esposas también los colocaban en esa falsa posición. La señora Holland, al identificarse con la mujer del señor Walpole, había ocupado el lugar de todas las esposas ausentes. Pero ella misma era alcohólica, de modo que pudo expresar con precisión el problema del grupo: "Le digo a mi hijo que vuelva a las diez si no quiere tener problemas y me contesta: 'No volvías a las diez cuando estabas en los bares'. Entonces se arma el escándalo".

Cada uno de los miembros del grupo había logrado ver cómo sus propias acciones en una situación común se presentaban ante los demás, ante sus cónyuges y sus hijos. Las relaciones, en particular entre padres e hijos, ya no se consideraron unilaterales. Ahora se colocaron en forma imaginaria en la posición de sus hijos y trataron de verse desde afuera. Esto llevó al señor Peel, cuyo padre también había sido alcohólico, a concluir con emoción: "Quise ser diferente para mis hijos de lo que mi padre había sido conmigo". El grupo ya había realizado su trabajo del día pero el terapeuta registró un posible indicio para la dureza intratable del señor Walpole hacia su hija; decidió que en una próxima sesión le daría la oportunidad de discutir el tratamiento que había recibido de su padre, quien podía estar sirviéndole como modelo para su propia conducta de padre.

El proceso grupal realiza tres cosas. Ayuda a que los alcohólicos se recuperen en abstinencia, al hacerles ver que no es correcto pensar que ser alcohólico es pecaminoso y degenerado. Cuando perciben las energías y capacidades positivas de sus compañeros de grupo, también disminuye su aversión de sí mismos. Cuando ven que los demás logran lo que ellos temían imposible, comienzan a creer que pueden reorganizar sus vidas para excluir el alcohol. En segundo lugar, les muestra las situaciones en las que con frecuencia se ven involucrados pero que no saben manejar, de modo que aprenden a tratarlas más efectivamente. Por último, los miembros del grupo, al examinar las formas de reaccionar de los otros miembros y de ellos mismos y al explorar los orígenes de esas formas, pueden modificar a tiempo sus patrones de conducta contraproducentes.

El tratamiento complementario

Ningún régimen de tratamiento está completo si no incluye un seguimiento del paciente para asegurarse de que está progresando bien y para intervenir con rapidez si se produjera una recaída en la bebida. El alcoholismo es una afección recurrente. Tanto el equipo terapéutico como los alcohólicos mismos y sus familias deben aceptarlo. Con demasiada frecuencia, se hace sentir a los que recaen (para esto necesitan pocos incentivos) que han fallado y, lo que es peor, que les han fallado a sus asistentes. Como resultado, se sentirán demasiado avergonzados como para pedirles ayuda nuevamente. Debe ponerse en claro a cada paciente en tratamiento que recomenzar a beber no constituye necesariamente un desastre total y que es la conjunción de paciente y terapeuta la que todavía no funciona bien.

El enfoque de equipo

Ya hemos cubierto las tres áreas de un programa de tratamiento; tratar con el alcohol mismo, tratar los problemas de la vida y reforzar las habilidades psicológicas del alcohólico. Esto nos pone en una buena posición para considerar cómo funciona un equipo para tratar alcohólicos. Los profesionales principales que toman parte son los médicos, trabajadores sociales, enfermeras y psicólogos clínicos. No es común que se necesite de los cuatro para el tratamiento de un solo paciente, pero en ocasiones deben trabajar juntos para decidir quién desempeñará el papel principal.

El psicólogo clínico

A los psicólogos clínicos (que no tienen calificación médica) se les puede pedir que evalúen el grado de cualquier déficit psicológico que haya sido causado por el alcohol en el cerebro de un paciente. Así es que pueden tener que evaluar el nivel corriente de funcionamiento intelectual del paciente y, en particular, si ha habido una pérdida importante de la memoria. Hacen esto mediante tests específicos que no pueden llevarse a cabo hasta que el paciente está libre de los efectos inmediatos del alcohol en el cuerpo y no está experimentando ningún síntoma de abstinencia.

Algunos psicólogos consideran que toda la dependencia del alcohol puede verse simplemente como un mal hábito adquirido. En consecuencia, su objetivo es tratar la afección simplemente por medio de técnicas para romper hábitos. Este método de tratamiento virtualmente ignora al alcohólico y se concentra en la ruptura de hábitos. Tratan la bebida excesiva más que el alcoholismo. En efecto, no se preocupan en usar ese término. Ven la bebida excesiva como una muestra de conducta adquirida que no le hace bien al individuo y utilizan una variedad de técnicas de condicionamiento para romper el hábito. Esta visión reduccionista del alcoholismo no hace justicia al número de factores que intervienen en el alcoho-

147

lismo y, en consecuencia, puede no ser una forma de tratamiento suficiente.

La enfermera

La responsabilidad de la enfermera en el trato de alcohólicos está creciendo. Naturalmente, si el paciente es internado
especialmente para el tratamiento del alcoholismo, las enfermeras intervendrán inevitablemente y tendrán un papel en
la psicoterapia, ya sea individual o de grupo, así como en el
cuidado rutinario de todos los días. Recientemente, las *enfermeras de la comunidad psiquiátrica* han sido asignadas en
números crecientes. Tales enfermeras, en especial a medida
que cada vez menos tratamientos se llevan a cabo dentro de
un hospital, han pasado a desempeñar un papel creciente en
el seguimiento y apoyo de los pacientes, pero también en
llevar a cabo la psicoterapia hasta el punto que su entrenamiento les posibilita. La disponibilidad de las enfermeras sin
que el paciente deba ir al hospital agrega otra ventaja a su
papel terapéutico.

El trabajador social

Los *trabajadores sociales* pueden desempeñar el papel más
importante en el tratamiento de algunos alcohólicos, especialmente si su tratamiento los ha equipado con la combinación
necesaria de habilidades tanto para ayudar a distinguir los
problemas de los pacientes con el entorno, como para brindar
terapia individual. Además de sus habilidades, los trabajadores sociales a veces tienen la ventaja de aparentar ser una
figura menos autoritaria que el médico.

El médico

El médico que participa puede ser un *médico clínico* (de
cuyo papel particular hablaremos luego); un gastroenterólogo,
cuando el paciente llega al hospital con síntomas de enferme-

dad en el estómago o el aparato digestivo; un médico de accidentes y emergencias cuando el paciente llega a la sala de guardia del hospital con un colapso por la intoxicación o a causa de un accidente producido por su ebriedad; o sin duda un especialista en cualquier otra rama de la medicina. Estos especialistas deben hacer sólo tres cosas: reconocer que la causa es el alcoholismo (por desgracia hay abundantes pruebas de que a menudo fallan en esto), persuadir al paciente de que necesita tratamiento y remitirlo para dicho tratamiento al médico clínico o al psiquiatra.

El psiquiatra

Los psiquiatras son los médicos especialistas a los que más atañe el tratamiento y habrán recibido entrenamiento especial para tal fin. Están preparados para reconocer todos los aspectos médicos del alcoholismo, aunque pueden consultar con los especialistas sobre decisiones particulares y podrán supervisar el período de abstinencia del alcohol, iniciar el tratamiento con disulfiram o cianamida cálcica e iniciar y llevar a cabo la psicoterapia. Más importante aún, podrán establecer cualquier investigación necesaria y trazar, con el paciente, el plan de tratamiento. Deberían ser capaces de convocar los recursos de un equipo de tratamiento como el que se describió anteriormente y buscar su consejo y ayuda. Sin embargo, el gran número de alcohólicos comparado con el pequeño número de psiquiatras implica, en la práctica, que en muchas circunstancias el psiquiatra ofrecerá una investigación y evaluación de la situación al médico clínico junto con consejos al médico de la familia sobre el tratamiento que este último llevará a cabo. Por supuesto que dejará en claro su deseo de volver a ver al paciente cada vez que sea necesario. Debido a su papel clínico, los psiquiatras pueden ser las personas que inicialmente explican el estado de las cosas no sólo a los pacientes sino también a sus cónyuges. También se los puede convocar para escribir cartas en favor de los pacientes a los tribunales, a las autoridades hospitalarias y a veces a la policía. Uno de los papeles esenciales de los psiquiatras es lograr que los alcohólicos se den cuenta de que están haciéndose cargo de la situación. Es importante que adopten una actitud expectante, es decir, que siempre parezcan expresar confianza en la capacidad del paciente de mejorar. No tendrán escrúpulos en decirle al paciente, de forma tan cruda como sea necesario, qué puede suceder si continúa bebiendo. Pueden ser, y deberían parecer, optimistas sobre el resultado que obtendrían si el paciente dejara de beber y aceptara el otro tratamiento necesario. Este no es un falso optimismo. Debe esperarse una mejora, aun cuando la cura del daño ya causado no sea a veces del todo posible.

El experto en alcoholismo

Algunos psiquiatras han recibido entrenamiento adicional, especialmente en el campo del alcoholismo, que los prepara para la organización y el tratamiento de los servicios especiales para el alcoholismo. Dichos psiquiatras pasan gran parte de su tiempo desarrollando una red de servicios para reconocer, tratar y cuidar a los alcohólicos. Están disponibles para brindar consejos a otros psiquiatras y para tomar a su cargo el tratamiento de pacientes particularmente complicados y difíciles. Forman la tercera hilera médica: médico clínico, psiquiatra, experto especial, pero no pueden tratar más que a una ínfima minoría de pacientes.

Cómo trabaja el equipo

El equipo de médico, enfermera, trabajador social y psicólogo trabaja unido, por cuanto se reúnen como equipo y planean y ponen en práctica la estrategia de tratamiento que se adecue a las necesidades particulares del alcohólico: ya sea, por ejemplo, que deban concentrarse más en el trabajo social o en la psicoterapia, decidiendo así qué miembro deberá ver al paciente en una relación progresiva. A medida que los miembros del equipo comienzan a comprender con qué puede contribuir cada uno de sus colegas, no es necesario que todos consideren a cada alcohólico que viene a alguno de ellos; no obstante, cualquiera que vea al paciente por primera vez se referirá a sus colegas para cualquier ayuda relevante. Saben que cuentan con el apoyo de los demás, del mismo modo que el médico clínico sabe que puede convocar a los otros miembros del equipo para ayudarlo en el tratamiento.

Nos referiremos ahora a algunos temas especiales que conciernen al tratamiento y a algunos métodos o servicios especiales que pueden cumplir una función en el tratamiento general del alcohólico.

Dónde debería ser tratado el alcohólico

La primera cuestión es si es necesario que el paciente sea internado para recibir tratamiento. En ocasiones, como hemos notado, el objetivo del tratamiento es simplemente asegurar tal internación para que el alcohólico tenga un lugar seguro donde albergarse y no ponga en peligro su vida. A veces la internación se hace necesaria debido a una enfermedad física o porque los síntomas de abstinencia se vuelven graves. También puede hacerse necesaria porque el paciente está deprimido y hay riesgo de suicidio o tal vez existe un daño cerebral o una psicosis tan graves que se hace imprescindible la internación. A veces los pacientes están viviendo solos y necesitan la ventaja inicial que les ofrece el estar lejos de las tentaciones. Sin embargo, en la mayoría de los casos, donde el alcohólico no ha sufrido daños físicos y mantiene un dominio social razonable, los expertos en alcoholismo encuentran que la internación en un hospital brinda pocas ventajas y, de hecho, algunas desventajas, la más importante de las cuales es que la idea de una internación disuade de aceptar el tratamiento. Hoy en día encontramos que la cuestión se soluciona mejor por medio de la discusión con los pacientes mismos. Si quieren entrar en el hospital, se les ofrece un lugar. Si no quieren, tendemos a observar cómo progresan como pacientes externos. Siempre es posible volver a considerar la situación si la bebida excesiva continúa. A veces se puede pedir al paciente que acuda como paciente de día, es decir, que acuda por cierto tiempo todos los días de lunes a viernes, o tal vez dos o tres veces por semana. Esto permite una evaluación completa de la historia y el estado actual del paciente. Por desgracia, no cubre las horas de la noche en que están abiertos los bares; sin embargo, funciona bien con algunos pacientes.

Recientemente se ha demostrado que la asistencia de un solo día como paciente externo, momento en que se realiza la evaluación en forma concentrada y se ofrece consejo, logra tan buenos resultados como una internación prolongada. Se discutirá este tema en el próximo capítulo. Como regla general, hoy en día no internamos pacientes que todavía tienen un hogar y una familia y que no están físicamente dañados. Por cierto, se acabaron los días en que se consideraba ideal internar a los pacientes durante tres meses para desarrollar su energía física y psicológica y su estabilidad social. Muy pocas veces se pide a los pacientes que permanezcan internados durante más de tres semanas, incluido el período de desintoxicación.

La despenalización del alcoholismo

En los últimos diez o quince años ha habido gran discusión sobre si el alcoholismo debería ser *despenalizado*, es decir, hacer que la embriaguez pública de naturaleza menor, tal como estar borracho y alborotador, ya no se considere una ofensa y así deje de ser asunto de la policía. Consideramos que no sirve a ningún propósito útil someter a las personas ebrias al proceso legal, pero al menos la policía los recoge de las calles y les da refugio, aunque deban pasar la noche en una celda. Cuidan de que no duerman o no se ahoguen en su propio vómito y de que se proporcione asistencia médica de ser necesario. Si se retira esa atención a los ebrios de manos de la policía, es imperativo que, antes de cambiar la ley a tal efecto, se tomen algunas medidas para su cuidado. De otro modo, morirán en las calles. Las salas de urgencias de los hospitales están mal equipadas para tratar los casos de intoxicación por alcohol y carecen de recursos a tal fin. Al personal de esas atareadas salas no les agrada recibir tales pacientes y, en consecuencia, se muestran poco amigables, si no abiertamente hostiles. No se los puede culpar. Tener que tratar con pacientes ebrios poco cooperativos y quizá revoltosos mientras que hay personas enfermas y heridos que también necesitan atención, muy difícilmente fomentará una actitud positiva hacia el alcohólico.

Alcohólicos Anónimos

El inspirado plan de ayudar a los alcohólicos al permitirles ayudar a otros alcohólicos fue trazado por un corredor de bolsa, Bill W., y un médico clínico, el doctor Bob, en Akron, Ohio, en 1935. El movimiento se basó en conceptos y técnicas derivados de un sinnúmero de fuentes. Ambos fundadores eran miembros activos del Oxford Group* y utilizaron como base para Alcohólicos Anónimos los principios de introspección abierta, admisión de los defectos, ayuda a los demás y reparación del daño hecho en el pasado. Compendiaron el componente religioso por medio de la adopción de una oración del siglo dieciocho, de Friedrich Ötinger: "Señor... Concédeme la serenidad para aceptar las cosas que no puedo cambiar, valor para cambiar aquellas que puedo y sabiduría para reconocer la diferencia". Los miembros de Alcohólicos Anónimos, en una frase de William James, son instados en el Paso Dos a creer que "una Fuerza más grande que nosotros mismos" puede restaurarles el juicio. El doctor W. D. Silkworth propuso a los fundadores del movimiento la idea de que el alcoholismo era una enfermedad; su creencia de que la base

---

* Movimiento fundado por Frank Buchman en 1921 que subrayaba la reforma de la moralidad personal y social. [T.]

de la afección era una alergia al alcohol fue adoptada con entusiasmo y ampliamente difundida.[30] Bill Wilson escribió al psicoanalista Carl Jung en junio de 1961[31] acerca de Silkworth:

> Su teoría era que el alcohol tenía dos componentes: una obsesión que obligaba a la víctima a beber contra su voluntad e interés, y alguna clase de dificultad metabólica que denominó alergia. La compulsión del alcohólico garantizaba que continuara bebiendo y la "alergia" aseguraba que la víctima finalmente se deterioraría, perdería el juicio o moriría.

Como hemos visto, ésta ya no es una hipótesis aceptable, pero hizo posible la formulación de un enfoque que identifica a la bebida misma como el proceso de la enfermedad. Abandonar la bebida y mantenerse abstinentes son las metas de los miembros de Alcohólicos Anónimos. En su declaración teórica de las causas del alcoholismo no adoptan el enfoque más amplio de la profesión médica, que sostiene que hay factores psicológicos subyacentes a los que debe prestarse atención.

Su programa se basa en los famosos Doce Pasos:

Nosotros-

1. Admitimos que éramos impotentes ante el alcohol, que nuestras vidas se habían vuelto incontrolables.
2. Llegamos a creer que una Fuerza más grande que nosotros mismos podría devolvernos el juicio.
3. Tomamos la decisión de volcar nuestra voluntad y nuestras vidas al cuidado de Dios como lo entendimos.
4. Hicimos un profundo y valiente inventario moral de nosotros mismos.
5. Admitimos ante Dios, ante nosotros y ante otro ser humano la naturaleza exacta de nuestros fallos.
6. Estuvimos enteramente preparados para que Dios nos quitara todos estos defectos de carácter.
7. Humildemente le pedimos que nos librara de nuestras imperfecciones.

8. Confeccionamos una lista de todas las personas que habíamos dañado y nos dispusimos a reparar el daño.

9. Reparamos el daño causado a esas personas siempre que fue posible, excepto cuando hacerlo implicaba herirlas a ellas o a otros.

10. Continuamos llevando un inventario personal y cuando nos equivocamos lo admitimos con rapidez.

11. Buscamos a través del poder de la oración y la meditación mejorar nuestro contacto consciente con Dios como lo entendimos, orando sólo para conocer su voluntad y obtener la fuerza para cumplirla.

12. Habiendo tenido una experiencia espiritual como resultado de estos pasos, tratamos de llevar este mensaje a otros alcohólicos y de practicar estos principios en todos nuestros asuntos.

Estos pasos están apoyados en doce "Tradiciones", que tienen que ver con la unión y el trato de los grupos locales. La primera tradición es: "Nuestro beneficio común es primero; la recuperación personal depende de la unidad de Alcohólicos Anónimos". La quinta tradición dice: "Cada grupo tiene un solo propósito primario: llevar su mensaje al alcohólico que todavía sufre". La novena nos introduce firmemente en la esfera de la organización: "Alcohólicos Anónimos no tiene opinión sobre asuntos externos; por ese motivo el nombre Alcohólicos Anónimos nunca debe ser llevado a la controversia pública".

Para unírseles, todo lo que hay que hacer es ponerse en contacto con cualquier miembro de Alcohólicos Anónimos o buscarlos en la guía telefónica; hay grupos en casi todas las ciudades. Cualquiera que desea dejar de beber y está preparado para admitir que es "impotente ante el alcohol" puede unirse a Alcohólicos Anónimos. A los alcohólicos que se unen a un grupo se les otorga una nueva subcultura, compuesta de compañeros comprometidos en una tarea común.[32] Sólo alcohólicos cumplen una función en el movimiento, que no confía en médicos o ministros u otro personal profesional (a menos que sean alcohólicos). Se les ofrece una nueva y abarcadora visión de la vida. Aprenden un lenguaje técnico especial y memorable en el que discuten y reflexionan sobre los síntomas que aparecen en el curso del alcoholismo y absorben un sistema de ideas trazado por los mismos alcohólicos que les brinda formas prácticas de mantenerse abstinentes. La "fecha de sobriedad" es el momento en que un miembro de Alcohólicos Anónimos bebió por última vez. Un "veterano" es un miembro regular con diez o más años de sobriedad continua. "Serenidad" es el término que utilizan para describir la paz mental, la ecuanimidad emocional y la ausencia de negatividad en la vida. En las reuniones los miembros describen sus logros y fracasos desde la última reunión y discuten las dificultades comunes a todos. Se presenta a los nuevos miembros y se averigua sobre los miembros ausentes. Uno o varios miembros relatarán la historia de sus pasados días de bebedores y de su exitosa recuperación.

Como lo subraya la designación de Alcohólicos Anónimos, se preserva estrictamente el anonimato. Sólo se usan los nombres de pila, de modo que los miembros pueden librarse de una parte de la cautela social acostumbrada. (En los grupos ingleses se subraya más el principio de anonimato que en Norteamérica.)[33]

A cada recién llegado se le asigna un padrino, un miembro del movimiento que ha logrado abandonar la bebida. La función del padrino es ayudar al nuevo miembro en cualquier momento que fuera necesario y permanecer con él durante el tiempo que necesite. El cuidado y la abnegación que muestran algunos de los padrinos es uno de los pilares gemelos del movimiento; el otro está conformado por las reuniones del grupo, que pueden llegar a llevarse a cabo todas las noches.

El éxito de los diferentes grupos de Alcohólicos Anónimos en brindar un padrinazgo activo a los miembros nuevos y en manejar las rivalidades, las hostilidades abiertas y otras conductas pendencieras varía de grupo en grupo.[34]

Los alcohólicos que lograron volverse abstinentes con la ayuda de Alcohólicos Anónimos han encontrado un cuerpo constante de personas con quienes compartir su duradero interés de mantenerse sobrios a pesar de las dificultades que se les presentan. El descubrimiento de tantos hombres y mujeres agradables en los grupos les ayuda en gran medida a librarse de la idea de que los alcohólicos, ellos mismos en particular, son despreciables. Su propia autoestima crece con esta comprensión. Encuentran amigos, una vida social activa, la satisfacción de ayudar a otros y, con el tiempo, la oportunidad de asumir un papel protagonista en los asuntos de su grupo local. La culpa por el daño causado a otros se reduce gracias al alivio de la confesión y a las oportunidades de reparación que se les brindaron al ser convocados para apadrinar a un miembro nuevo. Muchos miembros encuentran que el movimiento se transforma en un interés dominante en sus vidas.

Acercarse a Alcohólicos Anónimos puede cambiar la vida a aquellos alcohólicos que son sociables, que obtienen satisfacción al ayudar a otras víctimas y al estar en su compañía, que responden a una atención concentrada en la bebida y que no buscan una exploración psicológica y el tratamiento de los problemas más profundos.

Hoy en día, Alcohólicos Anónimos ha llegado a trabajar en estrecha colaboración con la mayoría de las otras entidades que tratan a los alcohólicos y en la mayor parte de las unidades de tratamiento del alcoholismo que sus miembros visitan se los presenta a los pacientes que están interesados y hasta pueden dar charlas. Actualmente se considera al movimiento un aliado en el tratamiento y no un rival. Del mismo modo, Alcohólicos Anónimos ha llegado a aceptar que los servicios médicos y de otro tipo pueden cumplir un papel valioso que el movimiento por sí solo no puede ejercer.

Alcohólicos Anónimos logra menores resultados con aquellos alcohólicos que no son gregarios y no pueden tolerar las presiones hacia las relaciones continuas e íntimas con los demás. Tales alcohólicos mencionan esto como una de las razones principales por las que el movimiento no los ayudó. Otra es el disgusto que puede producir no sólo confesar públicamente su historia alcohólica sino también el aparente placer con que, uno tras otro, los abstemios endurecidos narran su pasado y repiten sus antiguos hábitos de bebida.

Estas actividades junto con el énfasis religioso, que varía considerablemente de grupo en grupo, alejan a algunos recién llegados que no se sienten parte del grupo. Sin duda, se trata de rasgos que pueden resultar inaceptables para un extraño que acude a una reunión abierta; sin embargo, el movimiento no está destinado a los extraños sino a los miembros. Ha forjado técnicas que han resultado efectivas para muchos alcohólicos. Advierte, por ejemplo, que las declaraciones públicas de la historia alcohólica actúan como una necesaria defensa grupal contra la recaída, ya que sirven como recordatorio constante de lo que podría volver a suceder.

En los últimos tiempos, otras entidades voluntarias han entrado en el campo de la ayuda voluntaria a los alcohólicos —un buen ejemplo es *Accept*— al ofrecer servicios y ayuda por parte de asistentes que no son necesariamente ex alcohólicos.

Merecen ahora una breve mención dos formas de tratamiento del alcoholismo que todavía se discuten de tanto en tanto pero que casi no se utilizan en la actualidad y que ciertamente nosotros no usamos en nuestro trabajo.

El tratamiento de aversión

El alcoholismo puede tratarse por un método de *condicionamiento*. La base de dicho procedimiento es inducir en el paciente una sensación muy desagradable en respuesta al sabor, olor y vista del alcohol. Describiremos el método más usado: el empleo de la droga apomorfina. Esta droga tiene una sola propiedad médica importante: cuando se la inyecta actúa en los centros cerebrales para producir vómitos.

El tratamiento consiste en darle al paciente alcohol en conjunción con la inyección, cuidadosamente sincronizado de forma tal que las náuseas comienzan poco después de que se ingiere el alcohol y el paciente vomita. El procedimiento se repite varias veces en el curso de una sesión de tratamiento y se llevan a cabo media docena de sesiones en un lapso de alrededor de quince días. Cuando el curso de condicionamiento termina, el paciente asocia las náuseas con el olor, el sabor y los efectos gástricos del alcohol. El estímulo condicionante de la apomorfina ya no es necesario. El paciente desarrolla náuseas cada vez que se acerca a la bebida. Para reforzar el condicionamiento, se aconseja repetir el tratamiento, inicialmente a intervalos de seis meses y luego con menor frecuencia.

El tratamiento es drástico. Sólo se puede administrar bajo estricta supervisión médica, ya que es necesario tener medios disponibles para combatir el colapso en aquellos pocos pacientes que pueden resultar postrados por los vómitos. La emetina es otra droga que a veces se utiliza para inducir vómitos.

Más recientemente se han utilizado otros agentes para producir una respuesta condicionada. Los pacientes han sido inducidos a asociar los efectos de la bebida con el dolor del shock eléctrico o con la parálisis muscular repentina que sigue a la inyección de relajantes musculares del tipo del curare.

No cabe duda de que la terapia de aversión es rápida, de que es segura bajo condiciones controladas y que se basa en una teoría psicológica coherente que se apoya en pruebas experimentales firmes. Por otra parte, muchos médicos seguirán considerándola inaceptable, ya que ignora todos los factores psicológicos que determinan el alcoholismo.

La hipnosis

En ocasiones los alcohólicos piden que se los trate por medio de la hipnosis, método que ha sido empleado por unos cuantos médicos.

Se basa en sugerir a los alcohólicos que no disfrutan de la bebida o bien que beber los enferma. Tales sugestiones, no obstante, no han demostrado ser duraderas y pocos alcohólicos, si es que alguno, se han visto beneficiados por un tratamiento que depende principalmente de este enfoque.

Ahora que hemos pasado revista a los tipos de tratamiento que están, o deberían estar a nuestro alcance, podemos ver de qué modo los alcohólicos pueden evaluar su posición una vez que se han dado cuenta de que son alcohólicos y de que necesitan ayuda para recuperarse. ¿Qué medidas pueden tomar? Pueden ponerse en contacto con la filial local de Alcohólicos Anónimos o acudir a su médico y plantear el problema abiertamente. No deberían quedarse satisfechos hasta no haber recibido atención experta. Deberían esperar que un hospital general se ocupara del tratamiento de sus complicaciones físicas y los aceptara como pacientes durante el proceso de desintoxicación cuando dejan la bebida por primera vez y aparecen los síntomas de abstinencia. Deberían esperar que el psiquiatra que se hace responsable de cualquier tratamiento hospitalario posterior diseñara un programa que se adapte a los requerimientos del caso. Dicho programa debería ofrecer un enfoque positivo del alcoholismo durante el período de atención como paciente interno, en el que se despliegan las habilidades del psiquiatra, el trabajador social psiquiátrico y el personal de enfermeras. Es sumamente importante que a cada alcohólico se le haga comprender los rasgos del alcoholismo como una enfermedad. Este es uno de nuestros propósitos al escribir este libro.

Durante el tratamiento posterior como paciente externo, el mismo personal consolidará los beneficios de la terapia. Ayudarán al paciente a lograr una mayor integración personal que le permitirá llevar una vida de provecho sin nuevas recaídas en el alcohol. Si sufriera una recaída, tiene derecho a esperar que el personal que lo tiene a su cargo no lo abandonará sino que acudirá en su ayuda con una oferta renovada de sus recursos.

Si no encuentra todo esto significa que no está recibiendo el tratamiento que él y su enfermedad merecen.

11
Los resultados del tratamiento

¿Cuál es la probabilidad de que un alcohólico deje de beber? ¿Cuáles son los beneficios del tratamiento? Como los objetivos del tratamiento varían según los distintos grupos de alcohólicos, no puede haber un criterio de éxito universal. Más aún, los pacientes alcohólicos son muy difíciles de seguir porque muchos de ellos, en especial los que están en las etapas avanzadas, no tienen un domicilio fijo y se mudan de aquí para allá; rastrearlos se vuelve imposible. Si los informes de un estudio de seguimiento se basan sólo en aquellos a los que realmente se siguió, los resultados parecerán mucho más prometedores que si todos los pacientes tratados estuviesen incluidos, aunque no es correcto irse al otro extremo y suponer que todos los que no fueron rastreados son fracasos del tratamiento. En conclusión, si uno está evaluando los éxitos y fracasos del tratamiento, en realidad debería haber un grupo de comparación formado por personas que no fueron tratadas. Por razones éticas y de otro tipo esto es casi imposible de obtener.

Hemos visto que la abstinencia involuntaria se logra con bastante facilidad al poner al bebedor en un hospital o en la cárcel. No hay estudios que nos informen acerca de si esas personas permanecen abstinentes después, pero la experiencia sugiere que sin duda deben de ser muy pocos. La reducción forzosa temporal de las fuentes de provisión no es en sí misma un tratamiento efectivo para la adicción al alcohol.

Muchos alcohólicos dejan de beber con la ayuda de Alcohólicos Anónimos, pero su mismo anonimato milita en contra de la producción de estadísticas comprobables de recuperación.

Sin embargo, podemos obtener de los informes alguna información acerca del éxito o el fracaso de ciertos programas de tratamiento. La abstinencia es el patrón acostumbrado de éxito que se usa en las investigaciones de seguimiento de los alcohólicos tratados. Aun así, es erróneo considerar que la abstinencia es el único índice de recuperación o mejora: ésa es una perspectiva demasiado limitada. Algunos alcohólicos abstinentes son todavía personas desequilibradas, como discutiremos más tarde, aunque las antiguas afirmaciones de que un gran número de alcohólicos tratados puede continuar bebiendo socialmente y mejorar su ajuste en otros aspectos son ahora desacreditadas.[35] Sin embargo, al igual que en el caso de los alcohólicos crónicos con enfermedades físicas avanzadas y desorganización social, el objetivo correcto de tratamiento puede ser tan sólo mejorar sus condiciones físicas en la medida de lo posible y brindarles refugio.

Un número de investigaciones tempranas tenía como objetivo determinar si los alcohólicos tratados volvían a la bebida o, por el contrario, se mantenían abstinentes. Se han realizado muchos estudios de seguimiento, aunque con distintos grados de rigor. La ventaja de la abstinencia como criterio ha sido que se trata de una medida absoluta, mientras que la cantidad de bebida no lo es. Los investigadores también han considerado el ajuste social y, en menor medida, el bienestar general.

LA ATENCION PLANEADA

Cuando se brinda un tratamiento planeado, el resultado es mejor. Davies y sus colegas[36] estudiaron cincuenta casos en el Hospital Maudsley de Londres, donde se brindaba tratamiento a los alcohólicos en un pabellón que admitía toda clase de pacientes psiquiátricos. El plan de tratamiento se trazaba

162

según los requerimientos individuales del paciente; disulfiram, el trabajo social y la psicoterapia individual eran los métodos de tratamiento, que seguían al dado como paciente externo, con una intención de apoyo. Dos años más tarde, el 18% era totalmente abstinente y otro 18% había sido abstinente durante la mayor parte del tiempo, mientras que el 42% de los pacientes había mantenido su eficiencia social a pesar de la bebida moderada o excesiva. El resultado a los seis meses predecía con exactitud el resultado que se obtendría a los dos años.

Glatt[37] informó acerca de 150 alcohólicos tratados como pacientes voluntarios en el Warlingham Park Hospital, cerca de Londres. Un tercio se volvió totalmente abstinente. Otro tercio volvió a caer, por lo general dentro de los seis meses, pero se los clasificó como mejorías porque bebían menos y en mejores circunstancias sociales. Un tercio de los pacientes constituyó un fracaso del tratamiento.

Costello[38] ha analizado 58 investigaciones que informan sobre un seguimiento de hasta por lo menos un año después del tratamiento. Estos estudios cubrían 11.022 alcohólicos tratados y utilizaban medidas de resultado que no se limitaban tan sólo a la abstinencia sino que también tomaban en cuenta a la bebida controlada o a la bebida sin recurrencia de problemas. Las conclusiones generales que sacó de estos estudios fueron que alrededor de la cuarta parte estaba clasificada como mejora, la mitad todavía bebía con problemas asociados después de un período de postratamiento de un año y una quinta parte no pudo ser rastreada. Un uno por ciento había muerto. Costello[39] también revisó veintitrés investigaciones sobre el resultado del tratamiento del alcoholismo seguido por dos años que abarcaban 5833 alcohólicos: el 35% había mejorado definitivamente, el 43% todavía bebía con problemas, el 19% no pudo ser rastreado y el 3% había muerto. Estos estudios presentados por Costello eran para todas las formas de tratamiento.

Una vez más, la tasa general de remisión seis meses después de la iniciación del tratamiento predecía con bastante certeza la tasa de remisión en los períodos posteriores de seguimiento.

Emrick sólo consideró tratamientos que, en su mayor parte, se basaban en un enfoque psiquiátrico o psicológico. Al combinar tales estudios,[40] descubrió que la mitad de los pacientes había logrado la abstinencia total y dos tercios habían mostrado signos de mejora. Por supuesto que es de esperar que los pacientes seleccionados para tratamientos psicológicos probablemente no estuvieran tan avanzados en el alcoholismo crónico como los pacientes no seleccionados.

Existen indicadores de los tipos de pacientes que tienen mayores probabilidades de obtener buenos resultados en el tratamiento. Los estudios anteriores informaban que las mujeres tienen menos suerte que los hombres; sin embargo, no estamos seguros de que éste sea el caso hoy en día. Los hombres mayores, a menos que estén deteriorados físicamente, obtienen mejores resultados que los hombres más jóvenes. La estabilidad social, especialmente tener un empleo, se asocia con un mejor efecto del tratamiento. A las personas casadas les va mejor que a las solteras o divorciadas. Los pacientes con desórdenes psicopáticos de la personalidad, es decir personas antisociales que no experimentan demasiada angustia subjetiva pero hacen que otros sufran, responden insatisfactoriamente al tratamiento. Los pacientes que parecen no cooperar, que beben a escondidas mientras que están en el hospital y que no responden en forma constructiva a las exploraciones psicológicas, tienen mayores probabilidades de volver a caer en la bebida después del tratamiento. Aquellos que están bien motivados para el tratamiento tienen más posibilidad de volverse abstinentes.

No todos los pacientes se ajustan a estas generalizaciones estadísticas. Algunos pacientes que no cooperan, que resisten los esfuerzos que el personal del tratamiento realiza para ayudarlos y que no modifican en forma sustancial su forma de vida, en ocasiones burlan las predicciones al lograr la abstinencia.

Ha habido algunos estudios dirigidos al análisis del resultado en alcohólicos mínimamente tratados o no tratados. Sin duda hay una tasa de remisión espontánea que no debe dejarse de lado. Los pacientes que sólo recibieron cuidado de custodia en un hospital mental fueron seguidos hasta seis años después; de 98 que habían estado internados en el Michigan State Hospital, 18 se habían vuelto abstinentes y 16 más bebían sólo "moderadamente".[41] Cuando Emrick[42] revisó siete estudios en los cuales los alcohólicos no habían recibido tratamiento alguno, encontró que la mitad había mejorado y el 13% de ellos era abstinente. En 17 estudios de tratamiento realmente mínimo, el 21% se volvió abstinente y más del 60% (incluidos los abstinentes) había mejorado en cierto grado. En todos estos estudios el seguimiento fue de por lo menos seis meses de duración. Estos estudios informan acerca de distintos tipos de pacientes, pero ciertamente muestran que puede lograrse una mejora considerable sin tratamiento. El hecho de que la recuperación puede ser independiente del tratamiento ha quedado demostrado en otros grandes estudios.

¿ES POSIBLE VOLVER A LA BEBIDA SOCIAL?

Cada vez que se discuten las metas del tratamiento, los pacientes tarde o temprano preguntan si deben aspirar a la abstinencia o si podrán volver a beber en algún nivel reducido dentro de las normas sociales. Todos los expertos solían sostener que los alcohólicos debían dejar de beber por completo; si después de alcanzar la abstinencia comenzaban a beber de nuevo recaerían inexorablemente en sus antiguos hábitos excesivos de bebida. Entonces en 1962 Davies[43] informó que siete de noventa y tres pacientes habían vuelto a beber socialmente, una vez terminado el tratamiento sin aumentar la cantidad. Esta es la esperanza secreta de todos los alcohólicos. El trabajo de Davies atrajo muchos comentarios. La mayoría de los expertos en alcoholismo lo condenaron: no eran noticias que quisieran oír o que quisieran que sus pacientes oyeran. Davies también anunció que no había podido predecir a partir de las historias de sus pacientes o de cómo se habían comportado durante el tratamiento, cuáles pacientes podían comenzar a beber sin riesgo y cuáles no. Deberíamos agregar que casi todos los pacientes creen que pertenecen al grupo de los que pueden aprender a beber socialmente. Los hallazgos de Davies han sido repetidos en otras investigaciones. Armor y otros,[44] en una revisión de algunos de los pacientes de 44 centros de tratamiento del alcoholismo en Estados Unidos, descubrieron que el 12% parecía beber normalmente, es decir, con una consumición diaria promedio de menos de 85 cm^3 de alcohol y con ausencia de ansiedad o síntomas graves. Sin embargo, tales cantidades todavía colocarían a la gente en un grupo de alto riesgo de problemas futuros. Una interesante sucesión de informes comenzó con Sobell y Sobell[45] al aducir que habían logrado "preparar" a los alcohólicos en su experimento para practicar la bebida social controlada después del tratamiento. Caddy y otros[46] volvieron a estudiar a este mismo grupo de alcohólicos en un seguimiento adicional tres años después del tratamiento y confirmaron los anuncios de Sobell. Pero Pendery y otros[47] volvieron a examinar con resultados reveladores a los alcohólicos presentados en el estudio de Sobell y descubrieron que 13 de los primeros 16 sujetos habían sido hospitalizados nuevamente para tratamiento del alcoholismo aproximadamente un año después del alta. Las historias alcohólicas de largo plazo de los 20 sujetos, durante 10 años hasta 1981, mostraban que un alcohólico que había controlado la bebida después del fin del primer año todavía seguía haciéndolo; ocho bebían en exceso y en forma regular; seis se abstenían, pero sólo después de múltiples hospitalizaciones por alcoholismo, y cuatro de dichos sujetos con el tiempo murieron de muertes relacionadas con el alcohol.

Casi todos los que comienzan a beber de nuevo pronto vuelven a la bebida excesiva. Algunos pacientes con alcoholismo retornan a la bebida social normal. Sin embargo, debido a que es imposible predecir quién lo logrará, el consejo debe aspirar a la abstinencia.

EL RESULTADO DE LOS DIFERENTES TIPOS DE TRATAMIENTO

Es necesario experimentar con diferentes métodos. Muchos estudios confirman lo que hemos declarado, o sea que los pacientes bien motivados se recuperan mejor que los que no lo están. La presencia del trabajo social se asocia con un buen resultado; lo mismo sucede con el seguimiento del paciente externo. Además, la terapia de conducta y el uso de disulfiram son beneficiosos. Los resultados insatisfactorios se asocian con los tratamientos de pacientes no seleccionados, con los recursos escasos de tratamiento y el cuidado de grandes números de pacientes.[48]

Los pacientes que recibieron poco tratamiento han sido comparados en términos de resultado con aquellos que sufrieron programas extendidos. Un importante estudio de Orford y Edwards[49] anunció que una evaluación y recomendación de pacientes externos excepcionalmente intensivas de un día de duración dio tan buenos resultados como la admisión a un programa de una unidad de tratamiento del alcoholismo.

Chick y sus colegas de Edimburgo[50] asignaban a los alcohólicos al azar ya fuera a una sesión de consejos o a un tratamiento duradero de paciente interno o externo. Dos años más tarde, el grupo que había alargado el tratamiento funcionaba mejor, acumulaba menor daño hacia ellos mismos, sus familias y la sociedad que los que fueron tratados sólo brevemente. Sin embargo, la abstinencia no era más común entre los pacientes que habían recibido tratamiento duradero.

Cuanto más investigación haya en el área de tratamiento, mejor. En la actualidad, muchas entidades con distintos trasfondos profesionales y distintas orientaciones hacia el cuidado del alcohólico practican el tratamiento sin evaluar sus resultados. A veces esto puede ser inevitable, como en el caso de Alcohólicos Anónimos, pero a menudo es injustificable: algunos servicios de tratamiento parecen estar bastante preparados para practicar sus métodos aparentemente sin reconocer jamás la necesidad de cuestionarse si son efectivos. En otros lugares las evaluaciones se llevan a cabo con tal falta de rigor científico que sus supuestos logros no resultan convincentes. Muchas entidades no realizan un seguimiento de sus casos tratados. ¿Cómo pueden saber si los alcohólicos se mantuvieron abstinentes o si continuaron bebiendo, pero mejoraron física y socialmente? Con apenas mayor sofisticación, otros han observado la tasa de remisión como un porcentaje de los que respondieron a una indagación, ignorando a los que habían escapado a su seguimiento y que bien podrían haber tenido una recaída. Puede ser engañoso creer las manifestaciones de sobriedad de los alcohólicos sin buscar corroborarlas. Hay muchas entidades que dependen de fondos públicos para llevar a cabo su admirable obra y que publican informes optimistas y nebulosos sobre sus logros, que a menudo incluyen una o dos historias de casos a modo ilustrativo. Su efecto es contraproducente, ya que menosprecian las dificultades de proporcionar tratamiento adecuado y desestiman la seriedad del desorden.

En este momento es muy difícil llegar a conclusiones firmes sobre la eficacia de los distintos tratamientos. El desafío en los próximos años es acompañar la prestación de servicios con una cuidadosa evaluación de los pacientes alcohólicos tratados y su progreso futuro. Sólo se logrará un tratamiento más efectivo del alcoholismo si se lleva a cabo una investigación operacional de los servicios terapéuticos.

12
El alcohólico abstemio

La visión más acertada del alcoholismo es que se trata de un desorden crónico con una marcada tendencia hacia la recaída. Esto significa que los alcohólicos continúan siendo vulnerables aun si dejan de beber. Por lo tanto, es necesario un cuidado prolongado. Como ya hemos discutido, la "cura" casi siempre requiere la abstinencia total del alcohol. En algunos aspectos deben continuar considerándose alcohólicos, aun si han dejado de beber.

Si existen complicaciones físicas graves a causa del alcoholismo, es todavía más importante que no se retome la bebida. Incluso en el caso del alcohólico crónico empedernido, debería ser reducida en la medida de lo posible. El abandono del alcohol mejora la supervivencia a largo plazo de los pacientes con cirrosis del hígado. Por desgracia, la abstinencia no sirve para detener el avance de la enfermedad del hígado en ciertos alcohólicos, en general mujeres, que son particularmente susceptibles al daño severo.

En muchos lugares pueden hallarse alcohólicos abstemios. Hay alcohólicos en prisión que sufren una sobriedad forzosa; la bebida puede haber sido la causa directa del confinamiento, ya que la prisión es el tratamiento que se brinda a una gran proporción de alcohólicos. Son abstemios a la fuerza. La gran mayoría comienza a beber tan pronto como los liberan.

Los alcohólicos que están bajo tratamiento en hospitales generales a menudo no se ven acosados por el ansia mientras que están confinados a su pabellón. Pero al médico que se concentra en su enfermedad del hígado o su úlcera estomacal se lo puede convencer de que el problema de bebida ha sido superado, si, en efecto, el médico es consciente de su existencia. Sin embargo, casi invariablemente, la bebida se reiniciará cuando el paciente abandone el hospital.

Estos alcohólicos que están efectivamente impedidos de beber a causa de las circunstancias no son nuestro interés principal en este capítulo. Discutiremos sobre aquellos alcohólicos que se vuelven abstemios de forma voluntaria, deliberada, como un medio necesario para evitar una recaída de su enfermedad. La mayoría de ellos habrá recibido ayuda previamente de alguno de los medios descritos en el capítulo 10.

Algunos alcohólicos deben su abstinencia al programa de Alcohólicos Anónimos. Los miembros abstemios de este movimiento se adhieren a los Doce Pasos, recordándose constantemente que son "impotentes ante el alcohol" y que nunca podrán volver a beber. Es el paso número doce, llevar el mensaje a otros alcohólicos, el que origina la actividad que se convierte en el centro de sus vidas. Ayudan a otros alcohólicos a recuperarse al recurrir a su experiencia personal y su comprensión; esto da sentido y valor a vidas que habían parecido inútiles y perdidas. Cada miembro recuperado de Alcohólicos Anónimos tiene la "llave de la sobriedad" y la responsabilidad y el privilegio de ayudar a otras víctimas. Con justificable orgullo y perdonable error la hermandad proclama que los "mejores profesionales del mundo" no pueden ayudar a los alcohólicos a recuperarse. La tarea recae solamente sobre los miembros de Alcohólicos Anónimos, los más estrictos de los cuales no invocarán jamás la ayuda de médicos, sacerdotes o asistentes sociales, aunque este absolutismo está cambiando.

Un gran número de clínicas médicas busca la colaboración activa con Alcohólicos Anónimos; la falta de personal puede hacer que esto sea inevitable, pero un servicio médico que tan sólo aconseja a los pacientes externos que acudan a Alcohólicos Anónimos está respaldando tácitamente su afirmación de que sólo la hermandad puede mantener abstemios a los alcohólicos.

No es así. Muchísimos alcohólicos que vienen a las clínicas médicas han estado en reuniones de Alcohólicos Anónimos pero no han podido obtener beneficios del programa. No es efectivo para todos los alcohólicos ni para todos los tipos de alcoholismo. Uno de nuestros pacientes declaró sucintamente la objeción que muchos sienten: "Probé con Alcohólicos Anónimos durante un año y al principio lo encontré un fenómeno sociológico fascinante. Pero los ataques masoquistas a los que se entregaban con un café me consternaban, revivir sus borracheras, levantarse en las reuniones para castigarse, la clase de evangelismo que no podía comprar intelectualmente, finalmente todo eso me alejó aunque percibí lo que lograba en otros". Jellinek en su último libro[51] previno sarcásticamente: "A pesar del respeto y la admiración que merece Alcohólicos Anónimos por sus grandes logros, hay muchas razones por las que el estudiante del alcoholismo no debería aceptar la exclusividad de la visión del alcoholismo que propone Alcohólicos Anónimos". Los profesionales cuya única medida para el cuidado posterior de sus pacientes es recomendarles que asistan a Alcohólicos Anónimos son negligentes. Los médicos, pacientes y familiares deberían ser muy conscientes de que la hermandad funciona mejor con los alcohólicos compulsivos en los cuales el ansia por el alcohol es claramente destacable. Ellos encontrarán en Alcohólicos Anónimos un método para permanecer abstemios y al mismo tiempo una organización social que puede reemplazar sus perjudiciales asociaciones de bebida.

La necesidad de encontrar nuevos contactos sociales en lugar de sus antiguas relaciones con otros bebedores es a veces el problema más importante para el alcohólico abstemio. Muchos nunca lo superan. Bacon[52] ha analizado las etapas a través de las cuales Alcohólicos Anónimos permite a los bebedores abstemios volver a ocupar su lugar en la sociedad. Primero, dependen de un padrino, que los instruye en los Doce Pasos durante los vacilantes comienzos de la sobriedad.

Entonces comienzan a confiar en todo el grupo local de alcohólicos, mientras los oye confesar públicamente su propia historia de bebedores. A su vez el alcohólico puede convertirse en padrino y aspirar a un lugar destacado en el grupo. Bales[53] ha indicado que el alcohólico por temperamento prefiere las relaciones personales múltiples con énfasis en la expresión emocional; en Alcohólicos Anónimos se producen intensas asociaciones emocionales de carácter muy íntimo entre los miembros, que comparten las penas y los logros de los demás. El concepto de Alcohólicos Anónimos que los alcohólicos de inmediato consideran útil es la visión de que sufren, no de debilidad o depravación, sino de una enfermedad; que es de una enfermedad de lo que no pueden recuperarse está probado por los alcohólicos abstemios que conocen íntimamente.

Los logros de Alcohólicos Anónimos entre los alcohólicos estudiados por la Connecticut Commission fueron reconocidos como los causantes de un cambio espectacular en sus vidas.[54] Los entrevistadores consideraron que estos miembros abstemios habían adquirido un sentido de propósito y valor en la vida. En el proceso se habían vuelto "tan dependientes de Alcohólicos Anónimos como antes lo eran del alcohol". Sin embargo, los entrevistadores también subrayaron que muchos de los pacientes que estudiaron no pudieron adaptarse al procedimiento de Alcohólicos Anónimos.

La tarea a la que se enfrentan los alcohólicos recuperados es permanecer lejos del alcohol a pesar de las cálidas invitaciones de los amigos o de las burlas de los incomprensivos. Además, tendrán que combatir sin la ayuda del alcohol las tensiones producidas por los repentinos peligros en sus vidas diarias, al igual que esos sentimientos subjetivos dolorosos causados por otras personas que tocan los rasgos vulnerables de su personalidad y los explotan, humillan, enfurecen o decepcionan. Incluso después de meses o años de abstinencia persiste el riesgo de que los alcohólicos recuperados vuelvan a la bebida y se precipiten así a un rápido retorno a su antiguo patrón adictivo.

Aunque muchos alcohólicos abstemios abrigan la persistente esperanza de que podrán volver a la bebida social normal, ese feliz resultado ocurre en contadas ocasiones. Los alcohólicos tratados que comienzan a beber de nuevo casi siempre retornarán a sus antiguas prácticas de bebida. Los bebedores excesivos sintomáticos (véase capítulo 7), desde luego, pueden volver a beber socialmente en forma controlada después de un tratamiento llevado con éxito de la afección subyacente.

Para muchos, la perspectiva de la abstinencia permanente les acobarda. Alcohólicos Anónimos reconoce y permite esta consternación al sostener que el alcohólico abstemio debe pensar sólo en las próximas veinticuatro horas y planear superar tan sólo ese período de tiempo. Los médicos que tratan a muchos alcohólicos se habrán sentido castigados por el estremecimiento y la dolorida mirada de reproche con que algunos alcohólicos reciben la noticia de que nunca podrán volver a beber. Prefieren planear sólo el futuro inmediato. Sin duda para muchos esta resolución calificada es el enfoque más realista. Si han sido modestos en su compromiso, no se desalentarán tanto si sufren una recaída. Discutimos en el capítulo 10 la paradoja de que al omitir el uso de disulfiram algunos alcohólicos volverán a beber a los pocos días; esto puede ayudar a que los pacientes acepten continuar tomándolo. Los alcohólicos abstemios que recaen a menudo pueden aprender de su error al apreciar el tipo de situaciones conflictivas que los precipitan a recurrir al alcohol.

EL CONYUGE Y LA RECUPERACION

Cuando un alcohólico triunfa en el tratamiento y se vuelve abstemio puede alterar notablemente el equilibrio de la familia. Una esposa que se ha acostumbrado a tomar las decisiones y a llevar las cuentas de la familia no siempre está preparada para ceder esas responsabilidades a su cónyuge, aunque él esté deseoso de recuperarlas. Con razón, ella teme que, si recae, los conducirá a todos nuevamente al caos del que fueron rescatados lenta y dolorosamente gracias a su esfuerzo e ingenio. No dudará en decir esto al médico o al asistente social, pero no admitirá tan fácilmente que no desea ejercer una autoridad en la familia que fue esencial para sobrevivir.

Si permite que él asuma algunas responsabilidades tendrá que permanecer a su lado y verlo tropezar torpemente al esforzarse, por ejemplo, en ejercer disciplina sobre los hijos, cuando en los últimos años no estuvo en condiciones de hacerlo. Si ella interviniera, bien podría hacer que comenzara a beber de nuevo. La esposa debe ser en extremo cuidadosa cuando intenta ayudarlo con el tratamiento. Por ejemplo, si debe tomar una dosis de disulfiram todas las mañanas, puede apoyarlo en su resolución aprobando el uso de la droga. En general, los miembros de Alcohólicos Anónimos insisten en que el mejor enfoque de la mujer es vigilarlo, pero dejarlo solo. El personal de tratamiento, en cambio, debe considerar las condiciones que se aplican en cada caso con respecto a las personalidades del individuo en cuestión.

Por lo general, las esposas se alegran cuando sus maridos alcohólicos logran la abstinencia. La vida se vuelve más rica para ellas. Sin embargo, para algunas la abstinencia de sus cónyuges recuperados es difícil de soportar porque se vuelven menos activos y más aislados socialmente. Su círculo de amigos alcohólicos se habrá perdido. La esposa de un alcohólico abstemio puede confesar que extraña la jovialidad de los antiguos días de alcohólico de su esposo. Ahora que se ha recuperado y ella se atreve a hacer comparaciones de nuevo, lo encuentra más insulso. No obstante, se siente feliz de poder sentarse con él en su casa en la desacostumbrada calma de su sobriedad. Siente que la batalla que él ganó fue una victoria conjunta.

La paz mental del cónyuge nunca es completa. Sabe todo el tiempo que la bebida puede volver a comenzar. Si el esposo llega tarde a casa un día, la mujer comienza a preocuparse. Si no puede controlar sus temores, comenzará a llamar a la oficina para preguntar por su marido o mandará a los chicos para que lo busquen en los bares de la zona. Cuando vuelve, se siente desalentado por su agitación y su ansiedad no disimuladas. Se da cuenta de que ella trata de oler su aliento a escondidas y su inquietud le indica que su confianza en él es limitada. Su anticipación de una recaída puede en realidad precipitarla. ¿Acaso no tendemos a cumplir las expectativas que los demás tienen sobre nosotros?

Una mujer vino al hospital con su marido cuando comenzó a beber de nuevo después de haber sido abstemio durante siete meses. Interrumpió la información que estaba dando, para mirarlo y decirle: "Traté de encontrarte toda la tarde. Tenía un nudo en el estómago desde la cinco y media. No me moví de la ventana. Me comí todas las uñas". La espera aterrorizada, experiencia característica de la esposa del alcohólico, había vuelto a ser parte de su existencia.

Muchas mujeres no se encuentran preparadas para el retorno de la potencia sexual de sus maridos. Mientras que él bebía la mujer se había adaptado, primero a que las relaciones fueran desagradables y luego a la ausencia de relaciones, lo cual fue recibido como un alivio. Ahora tiene sentimientos encontrados con respecto a su ardor sexual. Aunque no lo recibe con deseos, siente que rechazar a su marido hará que vuelvan a surgir dudas e incluso celos. Un asistente social, psiquiatra comprensivo, puede ayudar a la esposa a expresar y examinar esas dificultades reales y así resolver qué camino seguir.

EL AJUSTE DEL ALCOHOLICO RECUPERADO

Los investigadores de la Comisión para el Alcoholismo del Estado de Connecticut[55] estudiaron a varios alcohólicos abstemios. En un grupo de 299 alcohólicos, 55 habían mantenido una abstinencia ininterrumpida durante nada menos que un año. El abandono de la bebida estaba asociado con una mejoría general; disfrutaban de una salud más próspera y mejores relaciones sociales, familiares y laborales. Los alcohólicos abstemios se veían mejor, se sentían mejor y se consideraban mejores por ser abstemios y los demás los veían de ese modo también. Pero entonces los investigadores llevaron a cabo un examen más cuidadoso de lo que denominaron "los matices de sus vidas". Clasificaron a los alcohólicos abstemios en cuatro subtipos. La mitad estaban abiertamente desequilibrados: mantenían la abstinencia en un ambiente de tensión, ansiedad, insatisfacción o resentimiento. Una cuarta parte fueron llamados "encubiertamente inadecuados": dieron muestras de lo que los entrevistadores calificaron como un escaso compromiso con la vida y una ausencia de cualquier sentimiento manifiesto de propósito, interés o excitación. Un tercer grupo (12%) estaba compuesto por miembros recuperados de Alcohólicos Anónimos, quienes habían adquirido un sentimiento de propósito y satisfacción a través de la identificación con el movimiento. Una décima parte de los alcohólicos abstemios fueron denominados "triunfos independientes"; se autorrespetaban y parecían haber experimentado un crecimiento de la personalidad con el resultado de un campo más amplio de interés; no estaban desequilibrados psicológicamente ni acosados por problemas de resentimiento o agresión.

Como deja en claro este informe, los alcohólicos que habían dejado de beber no encontraron las cosas demasiado fáciles. El logro de la sobriedad no siempre trae la tranquilidad de espíritu. Descubren que sus antiguos amigos no están tan dispuestos como ellos mismos a creer que han superado su mal. Estos amigos saben que las perspectivas de que un alcohólico se "cure" no son buenas y por dicho motivo reaccionan con cautela. De hecho, algunos prefieren mantenerse lejos del alcohólico, especialmente si en el pasado se habían sentido decepcionados o avergonzados. Aunque las mujeres por lo general vuelven con sus maridos, o vuelven a recibirlos, una vez que dejaron de beber, a los ex alcohólicos puede resultarles más difícil reclamar un lugar en el afecto de sus hijos. Los sentimientos de los niños han sido a menudo amargamente endurecidos por la conducta del alcohólico durante sus años más impresionables.

Los alcohólicos recuperados deben decidir si serán lo suficientemente fuertes como para decirles a sus nuevos amigos y superiores que solían beber, sabiendo que si lo hacen pueden ser condenados y rechazados. Tendrán que decidir cómo evitar beber si les ofrecen una copa. Los alcohólicos abstemios se enfrentan a un número de decisiones que forman parte de un gran problema: ¿deberían tratar de volver al estilo de vida que intentaban llevar cuando comenzó la bebida excesiva o deberían comenzar de cero y darle un nuevo curso a su vida? Cada ex alcohólico resuelve este dilema a su manera pero para todos ellos es una decisión crucial que debe ser tomada, con dolor y dificultad. Por esta razón, el tratamiento del alcohólico no debe aspirar tan sólo a que abandone el alcohol. Debe esforzarse por hacerlos enfrentarse a los peligros de la vida que todavía están por venir.

Epílogo

Todavía hace falta mucha investigación antes de poder responder muchas de las preguntas fundamentales acerca del alcoholismo. La investigación deberá llevarse a cabo en muchas áreas distintas; la bioquímica, la farmacología, la medicina clínica, la sociología y la salud pública. Enumeramos las áreas más importantes de investigación posible. Los estudios que indicamos son necesarios para brindar respuestas a preguntas que surgen de la práctica clínica.

La investigación bioquímica y fisiológica

Estudios que exploren los cambios físicos que se producen en respuesta a la bebida prolongada.

Estudios de las alteraciones de la respuesta del cuerpo al alcohol. ¿Por qué algunas personas son más propensas que otras a la aparición de síntomas de abstinencia? ¿Cuál es el mecanismo por el cual la tolerancia primero aumenta en los alcohólicos y luego decae?

¿Se produciría una menor consumición de alcohol si se redujera la cantidad de alcohol en las bebidas, particularmente en los licores, o simplemente se bebería un volumen mayor?

Estudios clínicos

Investigación del curso del alcoholismo en los jóvenes. Las características de la personalidad de los alcohólicos, en especial la identificación de patrones de conducta que estaban presentes antes de la bebida excesiva. ¿Qué cambios de personalidad produce el alcoholismo mismo?

Determinación de los subtipos de alcoholismo. Estudios estadísticos del curso y resultado de las diferentes variedades de alcoholismo.

Etapas en la recuperación del alcoholismo. ¿Por qué algunos alcohólicos abstinentes se ajustan bien y otros no logran hacerlo?

¿Cuál es la incidencia de las enfermedades físicas atribuibles al alcohol?

¿Con qué frecuencia pueden atribuirse las enfermedades cerebrales al alcoholismo?

La investigación del alcoholismo en las mujeres.

Un estudio sistemático de los efectos de los alcohólicos sobre sus familias.

Medidas preventivas

La identificación del prealcoholismo, para poder aconsejar y proteger a los individuos vulnerables antes de que desarrollen daños alcohólicos.

La investigación de las medidas que harán que los bebedores excesivos se presenten para una evaluación y tratamiento.

Investigación sobre si un servicio de información hace que los miembros de la comunidad sean más comprensivos y caritativos con los alcohólicos.

¿Qué medidas pueden tomarse para influir sobre las entidades sociales (gubernamentales, de la autoridad social y voluntarias) para que adopten un enfoque más efectivo del problema de los alcohólicos?

¿Cuáles son los efectos de organizar los controles sociales —precio, licencias, impuestos, horas de venta permitida— sobre la incidencia de la ebriedad y el alcoholismo?

¿Qué proporción de personas convictas por ebriedad es alcohólica? ¿Qué proporción de personas implicadas en accidentes por conducir ebrias es alcohólica? ¿Qué efecto tendrían en lo referente a reducir el número de personas que conducen en estado de ebriedad las pruebas policiales rutinarias de conductores implicados en accidentes y, para los que resulten culpables, las penas más severas como la cárcel?

Factores culturales y sociales

El estudio de la forma y la frecuencia relativa del alcoholismo en diferentes culturas y diferentes grupos (por ejemplo étnicos, religiosos y de clase social) dentro de una misma cultura. Estos estudios deberían investigar la frecuencia del alcoholismo dentro de los distintos grupos, la forma que asume y las acciones adoptadas por los alcohólicos mismos, sus familias y el grupo social para solucionar el problema.

La estimación del costo económico del alcoholismo. Está el costo de los servicios médicos y el costo de los accidentes, pero también hay costos ocultos que pueden suponer una gran suma de dinero. El costo del absentismo, la pérdida para las empresas de personal especializado que se vuelve incapacitado para trabajar, el costo de la provisión de servicios de cuidado para niños, el costo de los servicios sociales para mantener una familia.

Estudios de tratamiento

Comparación de los distintos métodos de tratamiento del alcoholismo.

¿Cuáles son las tasas de éxito de los distintos métodos de tratamiento?

COMO OBTENER AYUDA

Para muchos alcohólicos, el primer punto de contacto médico es el accidente y la sala de guardia del hospital. Esto puede surgir a causa de un accidente o una enfermedad a menudo asociados con la intoxicación, pero otra razón es que el alcohólico puede carecer de un médico de cabecera o bien puede no contar con algún doctor a mano.

Los alcohólicos que ven a los médicos como figuras autoritarias propensas a criticarlos, juzgarlos o condenarlos prefieren recurrir primero a otros medios.

Los primeros profesionales con que se suele tomar contacto pertenecen a los organismos públicos. En España existe una red de entidades oficiales extendida a lo largo de todas las comunidades autónomas en el Plan Nacional sobre Drogas, donde trabaja gente preparada para brindar ayuda y guiar al alcohólico hacia una ayuda más experta.

Aparte de estos profesionales, hay también una serie de grupos de ayuda de distinta filiación. Si los alcohólicos creen que otros en su misma situación podrán comprenderlos mejor, recurrirán naturalmente a Alcohólicos Anónimos: pueden encontrar la dirección y el teléfono de su sede local en la guía telefónica. Otras posibilidades son la Cruz Roja y Cáritas, con numerosos servicios de drogodependencia tanto en España como en Iberoamérica.

Todas estas entidades deberían trabajar juntas para brindar una red interconectada de servicios. Nosotros las mencionamos aquí para ayudar al alcohólico a obtener asistencia y para poner énfasis en el gran número de personas que están dispuestas a ofrecerla.

He aquí algunas direcciones y teléfonos útiles:

COMUNIDADES AUTONOMAS DE ESPAÑA

Comunidad Autónoma de Andalucía
Comisionado para la droga.
Consejería de Salud.
C/ República Argentina, 23, 2.ª planta
41001 SEVILLA
Telf.: (95) 427 26 03 / 427 99 47 / 445 99 99 / 445 92 11

Comunidad Autónoma de Aragón
Coordinador de Drogodependencias.
Servicio Provincial de Sanidad.
Diputación General de Aragón.
C/ Ramón y Cajal, 68
50004 ZARAGOZA
Telf.: (976) 44 20 22. Ext. 215 y 243

Principado de Asturias
Coordinadora para el Plan Regional de Toxicomanías.
Consejería de Sanidad.
C/ General Elorza, 35
33001 OVIEDO
Telf.: (985) 21 23 96. Ext. 73

Comunidad Autónoma de Islas Baleares
Dirección General de Acción Social.
Consejería de Sanidad y Seguridad Social.
C/ Cecilio Metelo, 18
07003 PALMA DE MALLORCA
Telf.: (971) 72 64 46

Comunidad Autónoma de Canarias
Coordinador Autonómico del Gobierno de Canarias.
C/ Méndez y Núñez, 34
38003 SANTA CRUZ DE TENERIFE
Telf.: (922) 24 15 66 / 24 15 67 / 24 17 62

Comunidad Autónoma de Cantabria
Coordinador del Plan Regional de Toxicomanías.
Consejería de la Presidencia.
C/ Calvo Sotelo, 19, 3.º, puerta 8
39002 SANTANDER
Telf.: (942) 21 12 50 / 21 91 55

Comunidad Autónoma de Castilla-La Mancha
Coordinador del Plan Regional de Lucha contra las Drogo-
dependencias.
Avda. de Portugal, 67
45005 TOLEDO
Telf.: (925) 26 72 14 / 26 72 00. Ext. 214

Comunidad de Castilla y León
Jefe del Servicio de Salud Mental y Asistencia Psiquiátrica.
Consejería de Cultura y Bienestar Social.
Avda. de Burgos, 5
47009 VALLADOLID
Telf.: (983) 34 38 99. Ext. 156, 157, 158, 159 y 160

Comunidad Autónoma de Cataluña
Director del Organo Técnico de Drogodependencias.
Consejería de Sanidad y Seguridad Social.
C/ Travessera de les Corts, 131-159
08028 BARCELONA
Telf.: (93) 339 11 11

Comunidad Autónoma de Extremadura
Coordinador del Plan Extremeño de Drogodependencias.
Consejería de Sanidad y Consumo.
Plaza Santa Clara, s/n.
MERIDA (Badajoz)
Telf.: (924) 31 41 61 / 31 40 12
Dirección de Salud
C/ Ronda del Pilar, 12
06071 BADAJOZ
Telf.: (924) 23 49 00 / 23 44 00

Comunidad Autónoma de Galicia
Coordinador del Plan Autonómico de Drogodependencias.
Consejería de Sanidad y Consumo
Edificio Administrativo San Cayetano
SANTIAGO DE COMPOSTELA (La Coruña)
Telf.: (981) 56 60 00, ext. 2078, y 56 64 66 (D. General)

Comunidad de Madrid
Coordinador de la Comisión Regional de Drogas.
Consejería de Integración Social.
Avda. Islas Filipinas, 50
28003 MADRID
Telf.: 254 86 98

Región de Murcia
Director Regional de Salud.
Consejería de Sanidad.
C/ Ronda de Levante, 11, 4.ª planta
30008 MURCIA
Telf.: (968) 36 20 00. Ext. 1464

Comunidad Foral de Navarra
Dr. D. José Varo Prieto.
Coordinador de Alcoholismo y Toxicomanías.
Dirección de Salud Mental.
C/ Tudela, 24
31002 PAMPLONA
Telf.: (948) 23 15 12 / 23 15 16

Comunidad Autónoma del País Vasco
Iltmo. Sr. D. José Francisco Javier Sáenz de Buruaga
   Renobales.
Secretario General de Drogodependencias.
C/ Duque de Wellington, s/n.
01011 VITORIA
Telf.: (945) 24 30 95

Comunidad Autónoma de La Rioja
D. Ernesto Bozalongo de Aragón.
Coordinador del Plan Regional de Drogas.
Dirección Regional de Salud.
Consejería de Salud, Consumo y Bienestar Social.
C/ Calvo Sotelo, 15
26003 LOGROÑO
Telf.: (941) 29 12 10 / 29 11 00, ext. 5100

Comunidad Valenciana
D.ª Ana Castellano Villar.
Comisionada de la lucha contra la droga.
Consejería de Sanidad y Consumo.
Pza. del Ayuntamiento, 19, 10.º-G
46002 VALENCIA
Telf.: (96) 351 28 95 / 351 29 78

CRUZ ROJA ESPAÑOLA
Asamblea Suprema
Telf.: (91) 253 00 00
MADRID

CARITAS ESPAÑOLA
San Bernardo, 99 bis, 7.ª planta
28015 MADRID
Telf.: (91) 445 53 00

CARITAS ARGENTINA
Hipólito Irigoyen, 785, 40 "L"
1085 BUENOS AIRES
Telf.: 331 08 83

CARITAS BOLIVIANA
Cajón postal 14399
LA PAZ
Telf.: 34 24 02 / 34 17 67 / 35 86 83

SECRETARIADO NACIONAL DE PASTORAL SOCIAL DE COLOMBIA
Avenida 28, 35 a - 33
BOGOTA, D.E.
Telf.: 269 59 66

SECRETARIADO NACIONAL DE PASTORAL SOCIAL DE ECUADOR
Avda. América 18-66
QUITO
Telf.: 23 95 96

CARITAS MEXICANA
Tintoreto, 106
Col. Ciudad de los Deportes
Delegación B. Juárez
03710 México, D.F.
Telf.: 563 69 38 / 563 65 43

CARITAS DEL PERU
Calle Dmicrón, 492
Parque Internacional de Industria y Comercio - Callao
Telf. 51 15 52

CARITAS URUGUAYA
Soriano, 1461
MONTEVIDEO
Telf.: 49 63 14

DEPARTAMENTO DE PASTORAL SOCIAL (CARITAS VENEZOLANA)
Edificio Juan XXIII, 2.º piso
Torres a Nadrices
Telf.: 563 13 60 / 563 44 72

Notas

1. WorldHealth Organization (1952). *Alcohol Subcommittee Second Report.* WHO Technical Reports Series, n. 48.
2. Cohen, J., Dearnaley E. J. y Hansel, C. E. M. (1958). "The risk taken in driving under the influence of alcohol" en *British Medical Journal,* i, 1438.
3. Kessel, N. y Grossman, G. (1961). "Suicide in alcoholics" en *British Medical Journal,* ii, 1671.
4. Norvig, J. y Neilsen, B. (1956). "A follow-up study of 221 alcohol addicts in Denmark", *Quarterly Journal of Studies on Alcohol,* 17, 663.
5. Robinson, A., Platt, S., Foster, J. y Kreitman, N. (1987). "Report on para-suicide in Edinburgh" en Medical Research Council Unit for Epidemiological Studies in Psychiatry.
6. Jones, K.L. y Smith, D.W.(1975). "The fetal alcohol syndrome" en *Teratology,* 12, 1.
7. Kaminski, M., Rumeau-Rouquette, C. y Schwartz, D. (1976). "Consommation d'alcool chez les femmes enceintes et issue de la grossesse" en *Revue d'Epidémiologie, Médicine Sociale et Santé Publique,* 24, 27-40.
8. Kessel, N. y Woolf, P.S. Estudio inédito.
9. Horton, D. (1943). "The function of alcohol in primitive societies: A cross-cultural study" en *Quarterly Journal of Studies on Alcohol,* 4, 199.
10. Skolnick, J. H. (1957)."The stumbling block". Tesis doctoral, Yale University.
11. Makela, K. (1972). "Consumption level and cultural drinking patterns as determinants of alcohol problems." Amsterdam: 30th International Congress on Alcoholism and Drug Dependence.
12. Vaillant, G.E. (1982). "Natural history of male alcoholism" en *Journal of Studies on Alcohol,* 43, 216.

13. Jellinek, E. M. (1960). *The Disease Concept of Alcoholism*. New Haven: Hillhouse Press.

14. Edwards, G. y Grant, M. (comps.) (1977). *Alcoholism: New knowledge and new responses*. Londres: Croom Helm.

15. Orford, J., Oppenheim, E., Egbert, S., Hemsman, C. y Guthrie, S. (1976). "The cohesiveness of alcohol-complicated marriages and its influence on treatment outcome" en *British Journal of Psychiatry*, 128, 318.

16. Kaufman, E. y Kaufman, P. (comps.) (1979). *Family Therapy of Drug and Alcohol Abuse*. Nueva York: Gardner.

17. Finney, J.W., Moos, R.H.y Mewborn, C.R. (1980). "Post-treatment experiences and treatment outcome of alcoholic parents six months and two years after hospitalization" en *Journal of Consulting and Clinical Psychology*, 48, 17.

18. Aronson, H. y Gilbert, A. (1963). "Pre-adolescent sons of male alcoholics" en *Archives of General Psychology*, 8, 235.

19. Nylander, I. (1960). "The children of alcoholic fathers" en *Acta Paediatrica Scandinavica*, 49, suplemento 121.

20. Aronson, H. y Gilbert, A., ob. cit.

21. Keane, A. y Roche, D. (1974). "Developmental disorders in the children of male alcoholics" en Actas del 20th International Institute on the Prevention and Treatment of Alcoholism, Manchester, Inglaterra.

22. Cork, R.M. (1969). *The Forgotten Children*, Toronto: Addiction Research Foundation.

23. Wilkins, R. H. (1974). *The Hidden Alcoholic in General Practice*. Londres: Elek.

24. Owens, E.P. (1981). "Prevalence of alcoholism among men admitted to general medical wards". Trabajo presentado en la sección de epidemiología del International Congress of Alcohol Addiction, Viena.

25. Jariwalla, A. G., Adams, P.H. y Hore, B.D. (1979). "Alcohol and acute general medical admissions to hospital" en *Health Trends*, 11, 95.

26. Jarman, C. M. B. y Kellett, J. M. (1979). "Detecting excessive drinking among admissions to a general hospital" en *British Medical Journal*, 2, 469.

27. Barrison, I. G., Viola, L. y Murray-Lyon, I. M. (1980). "Do housemen take an adequate drinking history?" en *British Medical Journal*, 281,1040.

28. Department of Health and Social Security (1987). *Alcohol Related Problems in Higher Professional and Postgraduate Medical Education*. Londres DHSS.

29. Kessel, N., Hore, B.D., Makenjuola, J. D. A., Redmond, A. D., Rossall, C. J., Rees, D.W., Chand, T.G., Gordon, M y Wallace, P.C. (1984). "The Manchester detoxification service. Description and evaluation" en *Lancet*, i, 839.

30. Silkworth, W.D. (1937). "Alcoholism as a manifestation of allergy" en *Medical Record*, 145, 249.

31. Alcoholics Anonymous (1963). "The Bill W.- Carl Jung letters" en *Grapevine*, enero, 26.

32. Denzin, N.K. (1987), *The Alcoholic Self*. Londres y California: Sage.

33. Jellinek, E.M., ob.cit.

34. Maxwell, M.A. (1962)."Alcoholics Anonymous: An interpretation". En Pittman, D.J. y Snyder, C.R. (comps.), *Society, Culture and Drinking Patterns*. Nueva York: Wiley.

35. Pattison, E.M. (1968). "A critique of alcohol treatment concepts: with special reference to abstinence" en *Quarterly Journal of Studies on Alcohol*, 27, 49.

36. Davies, D.L., Shepherd, M. y Myers, E. (1956). "The two-year prognosis of 50 alcoholic addicts after treatment in hospital" en *Quarterly Journal of Studies on Alcohol*, 17, 485.

37. Glatt, M.M. (1959). "An alcoholic unit in a mental hospital" en *Lancet*, ii. 397.

38. Costello, R.M. (1975a). "Alcoholism treatment and evaluation" en *International Journal of Addiction*, 10, 251.

39. Costello, R.M. (1975b). "Alcoholism treatment and evaluation: Collation of two-year follow-up studies" en *International Journal of Addiction*, 10, 857.

40. Emrick, C.D. (1974). "A review of psychologically oriented treatment of alcoholism: I. The use and interrelationship of outcome criteria and drinking behaviour following treatment" en *Quarterly Journal of Studies on Alcohol*, 35, 523; y Emrick, C.D. (1975). "A

review of psychologically oriented treatment of alcoholism: II. The relative effectiveness of different treatment approaches and the effectiveness of treatment versus no treatment" en *Quarterly Journal of Studies on Alcohol*, volumen APC.

41. Selzer, M.L. y Holloway, W.H. (1957). "A follow-up of alcoholics committed to state hospital" en *Quarterly Journal of Studies on Alcohol*, 18, 98.
42. Emrick, C.D. (1974), ob. cit.
43. Davies, D.L. (1962). "Normal drinking in recovered alcoholics" en *Quarterly Journal of Studies on Alcohol*, 23, 94.
44. Armor, D.J.; Polich, J.M. y Stambul, H.B. (1978). *Alcoholism and Treatment*. Nueva York: Wiley.
45. Sobell, M.B. y Sobell, L.C. (1978). *Behavioral Treatment of Alcohol Problems: Individualized therapy and controlled drinking.* Nueva York: Plenum.
46. Caddy, G.R.; Addington, H.J. y Perkins, D. (1978), "Individualized behaviour therapy for alcoholics: A third-year independent double-blind follow-up" en *Behavioral Research and Therapy,* 16, 345.
47. Pendery, M.L., Maltzman, I.M. y West. L.J. (1982). "Controlled drinking by alcoholics: New findings and a re-evaluation of a major affirmative study" en *Science*, 217, 169.
48. Costello, R.M. (1975a), ob. cit.
49. Orford, J. y Edwards, G. (1977). *Alcoholism: A comparison of treatment and advice*. Londres: Oxford University Press.
50. Chick, J., Ritson, B.,Connaughton, J. y Stewart, A. (1988). "Advice versus extended treatment for alcoholism: A controlled study" en *British Journal of Addiction,* 83, 159.
51. Jellinek, E.M., ob. cit.
52. Bacon, S.D. (1957). "A sociologist looks at Alcoholics Anonymous" en *Minnesota Welfare*, 10, 35.
53. Bales, R.F. (1942). "Types of social structure as factors in 'cures' for alcoholic addiction" en *Applied Anthropology*, 1, 1.
54. Gerard, D.L., Saenger, G. y Wile, R. (1962). "The abstinent alcoholic" en *Archives of General Psychiatry*, 6, 83.
55. Gerard, D.L. y otros, ob. cit.

Indice analítico

195

196

También publicado por Paidós

La obsesión de comer, de Jane R. Hirschmann y Carol H. Munter, expone un mensaje muy concreto: se pueden abandonar las dietas y comer lo que apetezca, sin tener que soportar los problemas que provoca la comida. Se trata de un mensaje sin duda sorprendente, pero que será bien acogido por millones de personas que se encuentran atrapadas por los regímenes y atormentadas por una relación adictiva con la comida. Las psicoterapeutas neoyorquinas autoras del libro le enseñarán a redescubrir el hambre fisiológica normal que se oculta detrás de los interminables ciclos del que come compulsivamente: dietas, épocas de excesos, recriminación y autocrítica. Le ayudarán a comprenderse a sí mismo y no contemplarse como alguien que ha perdido el control, sino como alguien que trata de utilizar los alimentos para su satisfacción, que entiende el impulso fundamentalmente positivo que se esconde tras el esfuerzo de la alimentación, y sabe descubrir medios más positivos para lograrlo.

Este libro se basa en el revolucionario concepto de «legalizar» todos los alimentos y comer «cuando el organismo lo pida». Y constituye una guía realista para liberarse de la alternancia dieta/exceso y traspasar la cortina de humo de la obsesión por la comida y el peso. Entre otras cosas, el lector aprenderá a comer cuando realmente tenga hambre «estomacal» y no hambre «emocional», a dejar de comer en exceso y perder peso de una forma natural, y, sobre todo, a superar su preocupación negativa por la comida y por el peso, entrando así de lleno en una vida más plena, con la enorme satisfacción de saciar su hambre *verdadera* con los alimentos que más desea.

También publicado por Paidós

Los celos, de **Peter Van Sommers,** se plantea varias preguntas básicas: ¿son los celos un síntoma de inmadurez? ¿Puede ayudar la terapia? ¿Pueden tener éxito las comunidades religiosas alternativas a la hora de desterrar los celos de sus vidas? Todas estas inquietantes cuestiones constituyen la esencia de este accesible y extraordinariamente bien documentado intento de comprender al monstruo de los ojos verdes que habita en todos nosotros. Basándose en una mezcla de investigación psicológica y estimulante sentido común, el autor nos introduce en las teorías biológicas y freudianas, y nos explica cómo se comporta la gente en los mares del Sur y cómo es el «macho» mediterráneo, cómo funcionan los celos en el sexo y en el entorno familiar.

Aunque existen maneras de ayudar a esas personas cuyas vidas se han visto arruinadas por desorbitantes y aterradores sentimientos de celos, los modos menos drásticos son probablemente los más convenientes. Ya es hora, afirma el profesor Van Sommers, de que no hagamos sentir culpables y afligidos a los celosos y de que aprendamos a aceptar los celos como una faceta más de nuestra existencia, aunque a veces resulte dolorosa y cómica a la vez.

El libro está escrito para lectores corrientes, no sólo para quienes son celosos o tienen parejas celosas, sino para todos aquellos que sienten una curiosidad inteligente hacia las complejas emociones humanas. No intenta defender ni celebrar los celos, pero trata de enfrentarse a la idea de que son intrínsecamente anormales. A través de un abundante uso de relatos originales, de diarios y biografías, y de historias de casos, se llega a la conclusión de que los celos no indican una mentalidad débil, corrompida e inmadura: deben ser conocidos y comprendidos, no negados, denigrados ni desechados.

También publicado por Paidós

Querer no es poder, de Arnold M. Washton y Donna Boundy, afirma que la causa de la adicción a la droga no es ésta en sí misma, sino el deseo de cambiar de estado de ánimo. Por ello la recuperación plena implica, en esencia, cambiar nuestro estilo de vida: el estilo de vida adictivo. Este libro nos enseña a superar todo tipo de adicciones a través de la exploración de esas raíces. Nos muestra por qué ciertas personas son más vulnerables que otras (la personalidad adictiva), de qué manera nuestras familias y la sociedad pueden fomentar inadvertidamente las adicciones y cómo podemos aprender a reemplazar estas influencias destructivas por principios positivos, vitalistas.

Utilizando ejemplos extraídos de sus experiencias en la recuperación de adictos, Washton y Boundy no sólo nos enseñan a mantenernos alejados de sustancias o actividades adictivas —la cocaína o el alcohol, la obsesión por el juego, el sexo, el trabajo, las compras, etc.—, sino también a olvidarnos de ellas para siempre. No se trata, pues, de un manual de primeros auxilios: es una obra que quiere provocar cambios sustanciales y encender la llama de una verdadera esperanza. Una obra que le llevará a conocer el bienestar interior que conlleva la auto-aceptación, lo cual significa aprender a enfrentarse a los problemas con confianza, sabiendo que se posee la capacidad necesaria para afrontarlos de manera responsable, hábil y creativa. Con el tiempo, de hecho, la recuperación brindará más placer del que jamás haya podido proporcionar la droga a la que se fuera adicto.

Arnold M. Washton es director ejecutivo del Instituto Washton para el tratamiento de las adicciones, y **Donna Boundy** es licenciada en asistencia social por el Hunter College.